世界を変えるための50の小さな革命

ピエルドメニコ・バッカラリオ
フェデリーコ・タッディア 著
アントンジョナータ・フェッラーリ 絵

上田壮一 一般社団法人Think the Earth理事 日本版監修
有北雅彦 訳

革命リスト

1	ペットボトルの水を買うのをやめよう	14
2	世界各国のことばをひとつずつ覚えよう	18
3	職人に手仕事を習おう	21
4	自分の町のサウンドマップをつくろう	24
5	スマホなしで待ち合わせをしよう	28
6	ご近所さんに絵を描いて届けよう	31
7	スマホの応急処置隊をはじめよう	34
8	親の職場を改善しよう	38
9	お年寄りと自撮りをしよう	41
10	カーボンフットプリントの減らし方を学ぼう	44
11	募金を集めよう	49
12	だれかのお墓を探しにいこう	52
13	10キロ歩こう	55
14	もっと辞書を使おう	59
15	先生にごきげんを尋ねよう	63
16	球技をやって、うまくない子にもボールを回そう	67
17	昔の歌を聞き、昔の本を読もう	71
18	自分が生まれたときのことを知ろう	74
19	町を少しきれいにしよう	77
20	ウィキペディアを使わずに調べよう	81
21	ウソをついたり、ウソをつかせたりするのをやめよう	84
22	市長に3つの約束をしてもらおう	88
23	笑いの記念日をつくろう	92
24	流行を追うのをやめよう	95

25	大先輩に歴史的事件を語ってもらおう	98
26	分別収集の鬼になろう	101
27	みんなでテレビゲームをシェアしよう	106
28	本やマンガを交換しよう	109
29	恐怖を克服しよう	112
30	電気を使わずに1日を過ごそう	115
31	2リットルの水だけを使って1日を生きよう	118
32	善意銀行券を発行しよう	121
33	自分ひとりで用意できるものだけを食べよう	124
34	もっといいものにリサイクルしよう	127
35	1週間、80年代のように暮らそう	131
36	車を使わずに移動しよう	134
37	違う性別っぽい行動を5つしよう	137
38	昔の遊びのオリンピックを開催しよう	140
39	身のまわりの動物を助けよう	143
40	チャリティー活動をしよう	146
41	自分の学校をつくり変えよう	149
42	世界の料理でディナーをつくろう	152
43	ミツバチを救おう	155
44	紙を再利用しよう	158
45	よいニュースだけを拡散しよう	162
46	1週間、ベジタリアンになろう	165
47	1か月、新しいものを買わずに生きてみよう	169
48	男女どちらとも平等に遊ぼう	172
49	宇宙人の目で世界を見よう	175
50	最後の革命:「イヤだ」と言わずにまる1日過ごそう	178

この本のルール：革命ってナンだ？

革命についての本にルールがあるなんて、少し不思議に思えるかもしれない。だが、ほんとうに革命を起こそうと思うなら、ルールは必要だ。「革命」って不思議なことばだ。なぜなら、力ずくでまちがった世の中を変える政治的変革と（「フランス革命」は学校で習ったかな？）、技術革新による人びとのライフスタイルの変化、というふたつの意味をもつからだ。

牛犂の発明は革命だった（それ以前は、人びとは手で畑を耕すしかなかった）。蒸気機関の発明もそうだ（それがなければ、列車は存在しなかった）。内燃機関がなければバイクは存在しなかったし、インターネットがなければ、だれかと顔を合わせて会話をするのにわざわざ相手の家を訪ねていくしかなかった。

この本のなかで「革命」と言うときは、どちらの意味の場合もある。自分がふだんやっていることをもういちど見直して、このさき何をする必要があるのか、どうすれば何をよくしていけるのか、考えてみてほしい。そして、どんな革命を起こしてやりたいのか決めるんだ。

さあ、やってやろう。きみには、7つの覚悟が必要だ。

1―反逆する

ほかの人と違うことを、違うやり方でやる。それが、小さな革命を起こすということだ。何が違っているのかを意識しよう。

2―文句を言わない

いつも文句ばかり言ってるやつを好きな人はいない。言うまでもなく、革命を起こす者たちは、そういう連中がいちばんき

らいだ！ だから、泣き言を言ったり、わめいたり、「わからないよー！」なんて言うのはやめて、笑ってみせよう。笑いたい気分じゃなくても、笑顔をつくってみせよう。

3—いっしょにやる

きみの力は「きみたち」の力ほどじゃない。反逆の同志を集め、ともに革命に挑もう。子どもでも大人でもかまわない。ほかの人と違うふうに考えるようになったら、同じように考えている人がいることに気づくはずだ。すごく刺激的だぞ。きみのまわりには世界を変えてやろうって思ってる同志がたくさんいるんだ。いますぐ同志を見つけて、おたがいの呼び名（暗号名）を考えよう。

4—妨害に備える

はじめは、きみをからかったり、じゃまをしたりしてくる連中もいるだろう。心配いらない。そいつらはきみの思想を恐れてるだけなんだ。歴史上の偉大な革命家たちがいつもそうしたように、信念にしたがって行動すればいい。落ち着いて、やりすぎないように。そうすれば、かれらだって少しずつ、きみのムーブメントに巻きこまれていくにちがいない。

5—やってみる

実行あるのみだ。どんな革命もひとりでには起こらない。きみは自分の手を汚さなくちゃいけない。身を守るのはたったひとつの武器——心に秘めた強い信念だ。

完璧な革命家のパスポート

革命家になりたいと決めたなら、人にきらわれたり、よからぬことをたくらんでいると思われたりすることも覚悟しないといけない。危険人物だとみなされる可能性だってある。きみがなろうとしているのは、変化をきらう連中にとっては「悪党」同然だってことを、よくよく自覚しておくことだ。

一方できみは、この世には善人も悪人もいないってことをわかってるだろう。いるのは何もしない連中と（文句だけは一人前に言う）、何かをする人たちだ（文句なんか言ってるひまはない！）。

この本の186ページには、完璧な革命家のパスポートをつけてある。きみの暗号名と輝かしい革命の軌跡を記しておけるものだ。

極秘事項だから、だれにも見られないように細心の注意を払うこと。

必要な情報を書いたら、「何かをする人間になる」と誓ったということだ。もう泣き言はいらない。戦いははじまった。革命ののろしは上がったのだ。

7つの黄金のルール

1—少なくともひとりの友人をすぐに見つけよ

その子はきみの一味の最初のメンバーだ。

2—時間を有効に使え

時間は世界共通の通貨だ。なぜなら、ぼくらはみんな同じ量の時間をもってる。時間には税金もかからないし、相続することも貸し借りもできない。そして、けっして巻きもどせない。

賢く消費するしかない。

3—落ち着いて実行せよ

どんな革命も、はじめからすべてうまくいくことはありえない。気にするな。トライしつづけろ。

4—質問することを学べ

だれかが何かをしろと言ってきたら、なぜかと問え。何か知らないことがあるなら、尋ねろ。聞いてもわからなかったら、さらに聞け。迷ったり、裏切られたと感じたりしたときも聞けばいい。質問はあらゆるドアを開けるカギとなりうる。

5 ― 従え

世の中のすべてに従ってはいけない、ということではない。ルールを強制したり、受け入れたりすることの意味をきちんと理解し、正しいルールなのか、見当違いのものなのか、そもそもルールではないのかを区別したうえで、正しいルールには従うことだ。(たとえば、学校に持っていくためにカッコいいカバンを買わなければいけない、というのは、ルールではなく、ただのファッションだ。どちらにしてもばかげたことではあるけれど。)

6 ― 他者を非難すべからず

行動の結果をだれかのせいにしてはいけない。自分が何をしているのかを自覚して、それに対する責任を負うこと。

7 ― 他者に気を配ること

きみは自分が特別で大事な存在だと何百回も言われてきたかもしれない。だからといって、きみだけが得をしたり優遇されたりするわけじゃない。ほんとうに特別ですばらしい人というのは、他者のことを考えられる人のことだ。偉業を成しとげたいなら、自分以外の人のためにもなるようにおこなうべきだ。

必要な道具

- **ポケットのついた
  コートかズボン**

　ポケットは多ければ多いほど楽しいぞ。穴があいてないか、しっかり確認しておくこと。

- **カレンダー**

　革命の計画をうまく立てるために役に立つ。壁にかけるタイプが理想的だ。ベッドに寝っ転がりながらでも見れるだろう？多くの革命は成しとげるまでに時間がかかるし、くり返しやる必要がある革命もある。それらを覚えておくには、書いておくしかない。

- **ノート**

　きみの一味の名前と連絡先をぜんぶ書いておくこともできる。かれらはともに革命をやりとげる、大切な同志だ。

- **腕時計**

　革命は時間どおりにはじめなければならない。自分の時計をひとつは持っておこう。

- **カメラとビデオカメラ**

　スマホを持っているならカメラ機能はついているはずだけど、

9

なければ用意しよう。かんたんにポケットに入るくらい小さいものがよい。シャッター音が大きすぎないものを選ぼう（シャッター音が調整できるなら、なるべく小さく設定しておこう）。

ものだ。革命44でも説明するが、いらないところには線を引いて消して、書いて、また消して……と大事に使おう。

● パソコン

家や学校や図書館で、きみはパソコンでインターネットにアクセスする状況に迫られるし、その使い方を知らなければいけない。ポスターやチラシをつくるためのグラフィックソフトの使い方、プログラムの書き方、必要な情報の集め方なんかも、インターネットが教えてくれる。

● 録音機（ボイスレコーダー）

これもカメラと同じで、できるかぎり小さいものがよい。データをメモリーカードに保存して、いっぱいになったらパソコンに移しかえることができるのも、カメラと同じだ。

● 紙とたくさんのペン

ほとんどの紙はまだ使えるし、裏返せばきれいな面が残ってる

革命家の5つの特性

たったひとりで革命に挑むのもいいが、やはり、いっしょに革命を起こす同志を集めることをオススメする。すぐに一味を結成することができなかったとしても、あきらめることはない。ひとりではじめて、少しずつ同志を増やしていけばいいんだ。

それぞれの革命には「準備期間」が設定されている。この本をしっかり読みこんで、準備を整えてから挑もう。また、「持続時間」は革命を続けないといけない時間だ。1日、10日、100日……、永遠に終わらないものだってある。

かんたんなものも、ひと筋縄ではいかないものもある。だが、すべては、きみのなかの革命家としての5つの重要な特性を成長させてくれるものだ。それぞれの革命を実行することで得られる特性は、1から5までのポイント（★）の数でわかりやすく示してある。1は成長度合いが小さく、5は大きい。革命家の特性は、以下のとおり。

1─屈服しない

バカなルールを押しつけてくる連中には屈服しないこと。進歩を妨げたり、おかしな風潮を生みだしたりしてる慣習に盲目的に従うのもやめる。

2─地球を守る

エコロジーを意識して生活したり、持続可能な方法でお金やエネルギーを節約したりすること。消費を減らすことはよい循環を生む。

3—他人を助ける

ほかの人のために何かをすることに時間と労力を費やそう。自分を犠牲にする覚悟で心をつくし、見返りを期待せずに自分の手を汚す。失敗したら、やりなおせばいい。耳を傾け、学びとり、教えること。そして、もういちどはじめよう。

4—欲ばらない

便利でカッコいいものを、ぼくらはすぐに欲しくなってしまう。でもだいたいの場合、それらはいらないものばっかりだ。いったん手に入れてしまうと、捨てにくいし、捨てるときはすごく後悔する。持つものを少なくして、持っているものを大事にしよう。

5—好奇心をもつ

知らないことでもやってみると、その成り立ちやそもそもの意味、なぜ、どのくらいのコストがかかっているのかなど、さまざまなことを理解できる。質の高い情報を探せば、さらに多くを学べる。好奇心は、デマやまちがった情報に流されることからきみを救ってくれる。

50の革命

日本版では、2030年までの持続可能な開発目標「Sustainable Development Goals = SDGs」の達成をめざして活動する非営利団体「Think the Earth」理事の上田壮一さんによるミニ解説 👀 を入れました。SDGsの視点もとり入れながら、革命を楽しんでください。

革命 1

ペットボトルの水を買うのをやめよう

　必要な量の水を飲むことは、健康にとって大事なことだ。だけど、どのくらいの量がほんとうに「必要」なんだ？　成人は1日に約1.5リットルの水を飲むべきだといわれる。子どもなら1リットルってところだ。ぼくたちは幸運なことに、水を手に入れるのにさしたる苦労はしなくていい。種類もいろいろだ。ミネラルウォーター、炭酸水、フレーバーウォーター……、ほとんどはペットボトルに入って売られてる。だが、このペットボトルってやつは、便利なかわりに、環境汚染の大きな原因なんだ。

この世のすべてのウミガメが、死ぬまでに少なくともいちどはプラスチックを食べている事実を、どう思う？　太平洋の真ん中にプラスチックでできた島があることを知ってた？　ぼくらが毎日消費してる小さなペットボトルが無数に集まってできたゴミの島で、太平洋ゴミベルトって呼ばれてる。平均的なアメリカ人は毎年、約200本のペットボトルを消費する。いくらなんでも多すぎだ。足るを知る必要がある。

　自分専用の水筒を用意しよう。ホーロー製でも、プラスチック製でも。油性ペンで名前を書けば、自分だけのマイボトルのできあがりだ。

　ふたがコップになるタイプの水筒でもいいし、直接口をつけて飲めるボトルタイプでも。お好みで選ぼう。革命の同志がいるのなら、同じタイプでそろえよう。リュックサックやウェストポーチのなかに入れるか、お気に入りのコートのポケットにすべりこませよう。どのくらいの量の水がそれに入るか確かめよう。数日間続ければ、何回補充する必要があるかわかるはずだ。水道水は詰めかえに最適だ。たいていの場合、コンビニな

んかで買う水よりよい。公園なんかにある公共の蛇口から出てくる水もふつうは問題ない。ときどきボトルを洗うことも忘れないようにしよう。しょっちゅう口をつけていると、細菌が繁殖して、水の風味が変わってしまうこともあるからね。

この革命をやりとげるいい方法は、仲間と共同で実行し、おたがいに進みぐあいをチェックしあうことだ。うまくやれば、町のどこに公共の水道があるかがわかる地図をつくれるかもしれない。

★ **革命の火を絶やすな！**

町に落ちている空のペットボトルを集めて、つぶして、ペットボトル用か資源ゴミ用のゴミ箱に捨てよう。ふたはちゃんと分別すること。

 革命は成しとげられた！

毎日どのくらいの量を飲む必要があるかわかったかな？
ではこの公式を完成させよう。

きみの体重_____×0.03＝水_____リットル／1日

きみの水筒の容量＝_____

1日に詰めかえなければいけない回数＝_____

16

★革命ポイント

屈服(くっぷく)しない …… ★★★★★
地球を守る …… ★★★★★
他人を助ける … ★★★★★
欲(よく)ばらない …… ★★★★★
好奇心(こうきしん)をもつ … ★★★★★

 この本を読んでみよう

『いろのかけらのしま』(イ・キョンミ)

準備期間(じゅんびきかん)

すぐできる!

持続時間(じぞくじかん)

習慣(しゅうかん)になるまで

革命 2

世界各国のことばを
ひとつずつ覚えよう

　イタリア、アメリカ、イギリス、ギリシア、日本、ロシア……、地球にはいくつの国がある？　206の国があり、そのうちの196は主権国家だ。国家と主権国家の違いはわかる？　まずはそれを理解することだ。できたら、それぞれの国についてくわしく調べていこう。名前も知らなかった国がたくさんあるだろう。まずは大きな世界地図を用意する。この地図の上ではパスポートやビザなんて必要ない。いくらでも不法入国して、世界各国の秘密を暴いてやろう。

1つひとつの国についてよく調べて、その国のことばをひとつ選ぼう。口に出して、地図上のそれぞれの国の上に書いてみる。だけど注意しよう。まったく読み方のわからない文字で書かれている場合も多いんだ。どう発音するのか、どういう意味なのか、きちんと調べないといけない。

　そのためには、インターネットが役に立つ。それか、近所の図書館の旅行コーナーに行こう。イタリアの有名な冒険小説『サンドカン』の作者、エミリオ・サルガーリも、そうやって小説家としての第一歩をスタートさせたんだ。

革命は成しとげられた！

きみが好きなことばを10個書こう

	もともとのことば (その国の文字で)	発音 (カタカナかひらがなで)	意味
1			
2			
3			

19

4			
5			
6			
7			
8			
9			
10			

★革命ポイント

屈服しない …… ★★☆☆☆
地球を守る …… ★☆☆☆☆
他人を助ける … ★☆☆☆☆
欲ばらない …… ★☆☆☆☆
好奇心をもつ … ★★★★★

準備期間

そこそこ

持続時間

206のことばを書くまで

この本を読んでみよう

『八十日間世界一周』（ジュール・ヴェルヌ）

20

職人に手仕事を習おう

　スマホやパソコン、あらゆるテクノロジーは、日々、進化しつづけている。だからといって、すべての仕事がなくなったり忘れさられたりするわけじゃない。さあ、やってみよう。今回の革命では、「仕事」について学んでみるんだ。

　どこかの店で働かせてもらうだけでもいいけど、いちばんいいのは、昔から変わらない働き方をしている職人を見つけることだ。たとえば、ペンチとキズミ（拡大鏡）を使う時計職人、針と糸とチョークを使う仕立て屋、トンカチと革用ホチキスを使う靴職人。大人の同志についてきてもらって、きみが選んだ店に入り、職人さんに技術を教えてくれるように頼もう。籐の

編みあわせ方、飾りひもの測り方、ガラスの吹き方、旋盤の回し方……。もしきみが、いま言ってることばの半分もわからないのなら、危険信号だ。すぐに今回の革命をやってみよう！職人さんがきみに教えてくれた知識と使ってくれた時間のお返しに、なんでもいいからお手伝いをしよう。

　かれらの仕事をすべて理解する必要はないが、小さくてもいいから、何かひとつだけは覚えよう。何を教えてもらうかは職人さんにお任せでいいが、職人さんも師匠から教わったようなことでなければいけない。現代のテクノロジーを使うんじゃなくて、伝統的な職人の技術を学ぶんだ。かんたんに言うと、「手仕事」ってこと。

　さらに上をめざすなら、現代ではなくなってしまった仕事のリストをインターネットで探して、それらに挑戦してみてもいい。たとえば、「目覚まし屋」さん。頼まれた時間にその人のところに行って、ドアや窓をたたいて起こしてあげる人だ。スマホのアラームより正確ではないけど、このアラームを止めるのには、まちがいなく苦労するはずだからね！

革命は成しとげられた！

職人さんの名前と、その仕事、教えてもらった仕事のやり方を記録しておこう。

★革命ポイント

屈服しない …… ★★★☆☆
地球を守る …… ★☆☆☆☆
他人を助ける … ★★☆☆☆
欲ばらない …… ★★☆☆☆
好奇心をもつ … ★★★☆☆

準備期間
そこそこ

持続時間
1週間

 この映画を観てみよう

『天気の子』（新海誠）

自分の町のサウンドマップをつくろう

「昔はこのへんには何もなかったんだよ」。大人がこんなふうに言ってるのをいちどは聞いたことがあるだろう。あれは冗談じゃなくてほんとうなんだ。ぼくらが住んでるこの場所は、かつては畑と木々と小川と原っぱばかりだった。それがいまではせわしなくて騒々しい町になってしまった。きみの町では、どんな騒音が聞こえる？ それらを知って、町のサウンドマップをつくることは、きみの町のほんらいの姿を知ることにとても役に立つ。「騒音公害」って呼ばれるものに対抗するためにもね。

騒音っていうのは、ぼくらの健康や環境を害する、まごうことなき公害で、なんとか対抗しなければならないものだ。真の革命家として、計測を武器に戦いを挑もう。

そのために、まずは、他人の迷惑なんてこれっぽっちも考え

ない、うんざりするほどやかましい音を立てるやつらがいるという考えからいったん離れよう。きみの課題はやつらと戦うことだけど、同時に、町の音や騒音を再発見することでもある。

きみの町のサウンドマップづくりに役立つのは、以下のようなものだ。

- いっしょにやってくれる協力者や大人の革命家
- 町の地図
- ストップウォッチつきの時計
- 音量を測るアプリの入ったスマホ

まず、町の地図をざっと見て、いちばんうるさい場所はどこなのか想像してみよう。駅、工事現場、工場地帯……。また、時間帯によってうるさくなる場所もあるだろう。商店街の通り、サッカーグラウンド、教会の墓地、学校の校庭。騒音の変化を調べるためには、うるさいときと静かなとき、同じ場所を少なくとも2回は計測しないといけない。

騒音が激しくなる時間を調べるために時計を、騒音のピークがどのくらい続くのかを確認するためにストップウォッチを活用しよう。

あと、騒音の音量を計測するアプリが入ったスマホがあれば、役に立つだろう。

世界保健機関（WHO）は、睡眠障害、集中力不足、ストレス、不安、攻撃性、胃と呼

吸器の問題を避けるために超えるべきではない音量の目安を定めていることも覚えておこう。日中は55デシベル、夜間は45デシベルだ。どこでどんな騒音が聞こえるか、地図上に色分けして、わかりやすく書きこもう。うるさい場所と時間を認識できるようになるだろうし、きみの町のそれぞれの場所はまるで命をもっていて、規則的な呼吸とリズムをもって活動しているようだ、ということもわかるだろう。

　やかましい場所だけに注目するんじゃなくて、静かな場所の音も聞きのがさないようにしよう。教会の広場、庭園、中庭、歴史地区などだ。

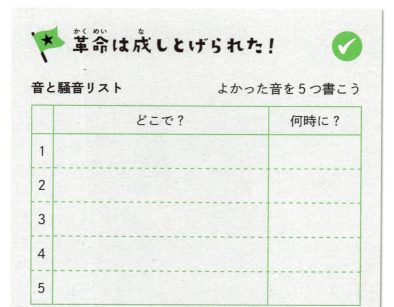

うるさかった音を5つ書こう

	どこで？	何時に？
1		
2		
3		
4		
5		

★革命ポイント

屈服(くっぷく)しない …… ★☆☆☆☆
地球を守る …… ★☆☆☆☆
他人を助ける … ★★★★★
欲(よく)ばらない …… ★☆☆☆☆
好奇心(こうきしん)をもつ … ★★★★★

 この本を読んでみよう

『聲(こえ)の形』(大今良時(おおいまよしとき))

準備期間(じゅんびきかん)

そこそこ

持続時間(じぞくじかん)

1か月

スマホなしで待ち合わせをしよう

　75回！　これは、何かメッセージが来てないかなって、1日にスマホを見る回数だそうだ。なんてムダな時間なんだろう！
　今回の革命に挑めば、友だちから変人呼ばわりされるのはまちがいないだろう。だが革命を成しとげた暁には、きっとかれらの尊敬と信頼をかち得ることになるはずだ。
　まる1日、スマホの電源を切ってみるんだ。今回の革命を成しとげるには、まわりの協力が欠かせない。もし話をする必要のある相手がいるのなら、じっさいに会わなければいけない。電源を切るまえに、正確な待ち合わせ場所を決めておくこと。おっと、両親にはちゃんと知らせておこう。「ぜんぜん電話に出ない！」って心配をかけたくないのならね。

そうそう、顔には表情筋が30以上もある。面と向かっておしゃべりをすることは、これらの筋肉を動かし、いい運動にもなるわけだ。

この革命を成しとげるのはたしかに難しい。スマホはとっても便利だからね。でも顔と顔を合わせて話をすることは、とても大事なことだし、人類における、もっとも古い社会的行動のひとつだ。「スクリプタ・マネント・セド・ヴェルバ・ヴォラント」ってことばを聞いたことある？ ラテン語の古い格言で、「書かれたことばは確かだが、話されたことばは飛びさってしまう」っていう意味だ。でもこのことばは、ほんらいとは逆の意味に使うこともできる。声に出してしゃべられたことばはとても特別で、空を飛ぶことだってできるんだ、ってね。

がんばって話してみよう。顔をつき合わせて。革命をおこなう日を決めたら、まえの晩にメッセージを送って、好きな場所を選ぼう。公園でも、学校の近くの路地裏でも、広場でも。場所は大事じゃない。大事なのは、時間に遅れないことだ。スマホを閉じて、目と耳をしっかり開こう。

★ **革命の火を絶やすな！**

まる1日スマホをさわらずに過ごせたら、こんどは1週間にチャレンジしよう！

革命は成しとげられた!

約束の場所はどこだった？
_____

きみが会って話した人の名前を書こう

1 _____ 2 _____

3 _____ 4 _____

5 _____

★革命ポイント

屈服しない …… ★★★★☆
地球を守る …… ★☆☆☆☆
他人を助ける … ★★★☆☆
欲ばらない …… ★★★★★
好奇心をもつ … ★☆☆☆☆

準備期間

すぐできる！

持続時間

1週間ごとに1日

 この映画を観てみよう

『グーニーズ』(リチャード・ドナー)

ご近所さんに絵を描いて届けよう

　ふだんぼくらはそんなにご近所さんとしゃべらない。ぼくらは忙しいし、そんなに好奇心にあふれてるわけじゃない。さあ、この鎖をぶっ壊して、かれらとなかよくなる第一歩を踏みだそう。つまり、あいさつをするんだ。1週間かれらのところに通って、説明なしにきみの描いた絵を玄関に置いてこよう。

　まず、7つの絵を用意する。1日に1枚、1週間ぶんだ。絵には、あいさつのことばを添える。

　つぎに、近所であまりよく知らない家を選ぶ。そのほうが成功したときの感動は大きいだろう。目的はどんな人が住んでるのか知ることだから、いつも同じ家でないといけない。選んだ

ら、朝早くか夜遅く、玄関に絵を置いてくるんだ。バレずにやりとおせたなら、すばらしい革命になるぞ！

　絵には自分の名前を書いておく。そのご近所さんにお礼を言ってもらうためだ。お礼を言ってくれなかったら？　別の人にあたりをつけよう。

　これは、近所どうしで情報交換しながら交流する空間「ソーシャル・ストリート」を生みだす最初の一歩になるだろう。イタリアではすでに500のソーシャル・ストリートがあり、町を変革する有力な手段となっている。

★ 革命の火を絶やすな！

　7つの絵を、それぞれ違った技法で描いてみるんだ。鉛筆画、ペン画、パステル画、テンペラ画、コラージュ、モノクロ画、そしてそれらの組み合わせ。技法はバラバラでも、全体が物語になってるほうがいい。たとえば、ある男が朝起きて、仕事にいって、家に帰ってきて……とかね。

革命は成しとげられた！

だれに届けた？ _____

曜日	なんの絵を描いた？	絵の技法
月		
火		
水		
木		
金		
土		
日		

★ 革命ポイント

屈服しない …… ★☆☆☆☆
地球を守る …… ★☆☆☆☆
他人を助ける … ★★★★★
欲ばらない …… ★★☆☆☆
好奇心をもつ … ★★☆☆☆

準備期間

すぐできる！

持続時間

1週間

 この本を読んでみよう

『夏の庭――The Friends』（湯本香樹実）

革命 7

スマホの応急処置隊をはじめよう

　インターネットは、前世紀のテクノロジーにおける革命だった。世界を覆いつくし、新しい時代をもたらしたが、残念ながらとり残されてる人たちがいる。お年寄りだ（ぼくらの親の世代にもそういう人はいる）。昨今、インターネットをかんたんに使いこなせるお年寄りは10人中2人いればいいほうだ。真の革命家はみんなを、とくに早く走れない人を待っているし、助けてあげるものだ。かれらを助けてあげるのはきみの使命と言えるだろう。かれらのために、自分の地域のスマホ応急処置サービスを考案してみよう。

　機械マニアの友だちや知り合いのリストをつくろう。機械マニアっていうのは、コンピュータのしくみにくわしくて、修理

や実験をするのが大好きな人のことだ。かれらができることも書きだそう。きみのスーパーヒーローたちと能力がひと目でわかるリストだ。かれらにコンタクトをとり、1人ひとりメンバーに加えていこう。

革命の遂行には、根気と、前進への強い意志が必要になるだろう。複雑な知識は必要ない。お年寄りは、メールの受信箱の開き方はおろか、そもそもインターネットやパソコンの基本すらよくわかってないこともあるんだから。

何がいちばん役に立つのか。スパムメール――「このリンクをクリックして、パスワードを入力してください」とか「クレジットカード番号を入力してください」とか言ってくるメールの見分け方さ！ この手のちんけな罠とその避け方をを知って、複雑な情報社会を乗りきることができるようになれば、かれらはすごく喜ぶぞ。

依頼がきたら、メンバーと手分けしよう。きみたちに助けを求めてくる人たちのなかには、スマホの使い方をもっと知りたいって人や、もっと安全にメールを書きたいって人や、インターネットの検索方法がぜんぜんわからないって人までいる。

35

メンバーのだれかが、その要求にぱっと応えられるはずだ。

いつどこに行けばきみたちに会えるのか（たとえば夕方4時には図書館にいますよ、とか）がちゃんとわかるように、「スマホ応急処置隊　開業のお知らせ」のチラシをつくって、コピーして配布しよう。町のあちこちに貼ったり（許可をとること）、公共の掲示板を利用したり、何かの集まりで配らせてもらったり。学校で配ってもいいだろう。お父さんやお母さん、おじいちゃんやおばあちゃんに知らせてもいい。あとは待つのみ。遅かれ早かれ、だれかが会いたいって連絡をとってくるにちがいない。

そうなったら、いよいよ行動のときだ。何に困ってるのか教えてもらって、なるべくかんたんなことばで解決策を説明する。理解してもらえなかったら、言い方を変えて根気よく説明しよう。報酬はいくらくらいかって？　わからなかったことがわかって、かれらの顔に浮かんだ喜びの表情こそが報酬だ。きっとこんど、おいしいケーキかペパーミント・キャラメルを持って遊びにきてくれるにちがいない。

各依頼が終わったら、依頼人の名前と解決したメンバーの名前、問題と解決策をカードに記録しておこう。同じ相談が持ちこまれたとき、とても助かるぞ。

革命は成しとげられた!

きみのチームをつくろう

	名前／連絡先	得意なこと	何をしてあげた？
1			
2			
3			
4			
5			

★革命ポイント

屈服しない …… ★★★★★
地球を守る …… ★★★★★
他人を助ける … ★★★★★
欲ばらない …… ★★★★★
好奇心をもつ … ★★★★★

準備期間
時間がかかる

持続時間
1か月

 この本を読んでみよう

『Girls Who Code ― 女の子の未来をひらくプログラミング』
（レシュマ・サウジャニ）

革命 8

親の職場を改善しよう

　今回の革命の舞台は仕事の世界だ。手はじめに、親の職場に突撃しよう。いったいどういうところでどんなふうに働いてるのか、つぶさに観察して、改革を起こしてやるんだ。

　今回の革命のためには、親の協力が必要だ。「働いてるところを見せてもらってもいい？」って聞いてみよう。会社や工場に勤めてる？　お店の店員さん？　弁護士でいつも声をからしてる？　イタリアでは、なんらかの仕事をしてる人は、平均で週に約37時間は職場で過ごしてるそうだ。

　職場に潜入させてもらって、1日の仕事の流れを観察しよう。

　学校に行かなくちゃいけないって？　革命のためには、学校

よりも優先すべきことがある。難しければ、テスト期間とかで学校が早く終わる日にしよう。探せばいくらでもある。

きみのお父さんやお母さんが何をしているのか、できるかぎりくわしく知り、同時に、きみに何かできることはないか考えよう。仕事をしているといろいろな不具合が起こるけど、それがなぜなのか、かれらはすぐに説明できはしないはずだ。何が問題なのか、かれら自身も気づいていないようにも見える。

でも、きみはきっと気づくだろう。コーヒーマシンが遠すぎるとか、文房具が足りないとか、机の上がごちゃごちゃしすぎてるとか、従業員みんなが使うには冷蔵庫が小さすぎるとか。なんとかしたほうがいいなって思うものが見つかったら、その理由も考えてみよう。

ほんの小さな革命ですむときもあるだろう。たとえば、机の向きを変えるだけでいいかもしれないし、植物を置いたり、もうひとつコート掛けを置いてみたり、食堂にダーツをするための的を置いてみたり。

家に帰ったら、発見したことを指摘するだけじゃなくて、こうすればもっとよくなるよって提案してみよう。納得してもらえれば、きっと会社でそれを実行して、改革を起こしてくれるぞ！

39

革命は成しとげられた！

なんていう会社に行った？

___

何がうまくいってなかった？

___

どうやってその問題を解決した？

___

★革命ポイント

屈服しない …… ★☆☆☆☆
地球を守る …… ★☆☆☆☆
他人を助ける … ★★★★★
欲ばらない …… ★☆☆☆☆
好奇心をもつ … ★★★★★

準備期間

そこそこ

持続時間

1回

 この本を読んでみよう

『よくばり学園』（ファブリツィオ・シレイ）

お年寄りと自撮りをしよう

「お年寄り」と「自撮り」、ふたつの世界はまったくかけ離れてるように思える？ 断じて答えはノー！ きみのような若い革命家が、かれらと少し同じ時間を過ごすだけで、孤独と悲しみの高い壁をとっぱらってあげることができるんだ。

さあ、革命のはじまりだ。デジカメかスマホを持って、老人ホームへ行ってみよう。きっと有意義な時間になるぞ！

ホームに入れてもらったら、少なくとも10人のお年寄りに声をかけて、いっしょに自撮りしようって言ってみよう。ふたつのかけ離れた世代が笑顔でつながれることを証明するという崇高な目的をきちんと説明して、許可をもらわないとダメだぞ。また、最近の研究では、友だちをつくったりして新しい人間関係を築くことは、ストレスを軽減して健康をもたらし、寿命を

のばす効果すらあるっていわれてるんだ。だからこれは「健康革命」だとも言える。

いっしょに自撮りした友だちに、名前、できれば、若いころのあだ名も教えてくれるように頼んでみよう。そして、写真を撮らせてもらったお礼に、「ぼくたちに何かできることはないですか?」って聞いてみよう。きっと何か言ってくれる。何か食べたいとか、新聞を買ってきてとか、そんなことを。

賭けてもいい。ほんの少しの時間で、きみは新しい10人の友だちをつくれるにちがいないから。

革命は成しとげられた!

いちばんよく撮れた写真をここに貼って、いっしょに写ってるみんなの名前を書こう。

★革命ポイント

屈服しない ……　★★☆☆☆
地球を守る ……　★★☆☆☆
他人を助ける …　★★★☆☆
欲ばらない ……　★★★☆☆
好奇心をもつ …　★★★☆☆

 この映画を観てみよう

『コクーン』(ロン・ハワード)

準備期間

すぐできる!

持続時間

1回

カーボンフットプリントの減らし方を学ぼう

　ぼくらはみんな、無意識のうちに地球を汚染し、壊しつづけてる。なぜならぼくらの行動の1つひとつが、なんらかのかたちで、廃棄物やゴミを生みだすものだからだ。それらは世界の気温を上げ、気候を変動させ、環境を傷つけてる。でも、きみはこの状況を変えることができる。今日からだって。
　「カーボンフットプリント（CFP）」は、ぼくらの活動や商品が生みだす、温室効果ガスの排出量を表す指標のことだ。ぼくらの活動はすべて、CFPにつながってる。個人と家庭での活動を

とおして排出されるCFPの総量は、地球上のすべての車と工場と牛が排出する量とほぼ同じだ(牛の問題は深刻だ。ぼくらは牛を食べる量を減らす必要があるかも)。工業製品(本、ゲーム、お菓子、服など)もCFPを生みだしてる。ぼくらの行動は、たとえばメールを送るみたいなささいなことでも、CFPを生んでるんだ。フランスの研究では、メッセージの送受信は平均して19グラムの二酸化炭素を排出するといわれてる。これは、車が1キロ走るのと同じだけの量だ。メールはなるべく送らないに越したことはないぞ!

地球はみずから回復する力をもっているが、その力は永遠には続かない。現在、人間が地球に与える生態的影響は、地球の自己治癒能力の半分を占めている。ぼくらの行動がこのまま変わらなかったら、この星は手のほどこしようがないほど汚くなってしまう。映画『ウォーリー』の冒頭の景色みたいに。

きみにできることはなんだ? まずは正しいデータを集めること。1週間、きみが食べているものの生産地を調べてみよう。近くでつくられたものであればあるほど、CFPは少なくなりがちだ(トラックや電車や船で運ばなくていいからだ)。すべての商品に書かれている表示を見て、製造地を明らかにしよう。原材料の産地もチェックすること。家の近くに海はある?ないなら、きみが食べ

ている魚は遠い距離を旅してきたことになる。チョコレートをつくるためのカカオはほとんどがアフリカから運ばれてきてるし、コショウやカレー粉をつくるための香辛料なんかもほぼ日本では栽培されてない。エビやカニもほとんどが輸入品だ。

食べもの以外にも、どのくらいの距離を（車や電車で）移動したか、どれだけのエネルギーを使ったかを記録して、きみ自身のCFPを明らかにするんだ。インターネットで調べれば、CFPの計算ができるサイトが見つかる。調べたデータを入力すれば、きみのCFPの正確な数値がわかるぞ。

つぎのステップはかんたんだ。浪費をしないこと。まずは家にあるものを食べるところから。それから、地産地消を意識して、地元の食材を食べよう。チョコレートなんて地元でつくられてないって？　それなら、フェアトレードラベルのついたものを選ぼう。フェアトレード商品は、きみが使ったお金がより公平に生産者に還元されるようになってるんだ。

きみにできることはまだまだある。すぐにできるのはゴミを減らすこと。アメリカでは、平均してひとり1日1400キロカロリー相当の食べものを廃棄している。きみが1日に食べるべき量の半分以上だ。食品ロスをゼロにするだけで、大気中に排出される温室効果ガスの約7％を削減できるんだ。ムダづかいやゴミを減らせ

ば減らすほど、ぼくらのCFPは少なくなる。

★ 革命の火を絶やすな！

　きみの学校のみんな（先生も）が排出してる全CFPを計算して、1年の終わりには半分にするプロジェクトを提案しよう。

日本の食品ロスは、643万トン（農林水産省2016年度推計）。一方、国連世界食糧計画（WFP）の食糧援助量は約320万トン（2015年）。日本人は援助に必要な量の倍以上の食品を捨てていることになる。この革命が成功すれば、飢餓に苦しむ8億人の命を救えるかもしれない。

★ 革命は成しとげられた！

きみがよく食べる、遠くから運ばれてきてる食べものを書きだそう。

	食べもの	どこから来てる？
1		
2		
3		
4		
5		

きみが食べようと決めた地元の食材(しょくざい)を書こう。

	食べもの	どこから来てる？
1		
2		
3		
4		
5		

★ 革命(かくめい)ポイント

屈服(くっぷく)しない …… ★★★★☆
地球を守る …… ★★★★★
他人を助ける … ★★★☆☆
欲(よく)ばらない …… ★★★☆☆
好奇心(こうきしん)をもつ … ★★★☆☆

準備期間(じゅんびきかん)

時間がかかる

持続時間(じぞくじかん)

行動しだい

 この映画(えいが)を観(み)てみよう

『地球が壊(こわ)れる前に』
（フィッシャー・スティーブンス、レオナルド・ディカプリオ）

革命 11

募金を集めよう

　世の中には多すぎるくらいの問題が転がってる。それらのほとんどは解決するのにお金が必要だ。集めないといけない。だれが？　もちろん、きみと、同志の革命家たちだ。クラスで調査をして、やるべき価値がある課題を5つ見つけよう。たとえばこんな感じだ。ほかにも探してみよう。

　1──迷い猫を探して保護する
　2──公園や遊び場をきれいにする
　3──公共図書館に本を寄贈する
　4──被災地への救援物資を買う

5─アフリカなどの貧困地域に送る薬を買う（NGO に頼んで）

　先生に許可をもらったら、ロビーに投票箱を設置しよう。みんなに選択肢からひとつ選んで投票用紙に書いてもらう。投票が終わったら、集計して結果を発表する。それがきみたちが取り組むべき課題だ。いよいよ募金を集めよう！

　ここからは親にも手伝ってもらおう。まずは、いくら必要なのかを知ること。その金額がきみたちの目標地点だ。

　この革命を実行するのに迅速な作戦は、クラウドファンディングだ。「群衆からの資金調達」と言ってもいい。

　クラウドファンディングは、プロジェクトに出資してもらうかわりにリターン（お礼）を返すシステムだ。たくさん払ってくれた人には、いいリターンを返さないといけない。何かプレゼントを用意しよう。オリジナルのステッカーとかでもいい。感謝の気持ちを表すために、出資してくれた人の名前をどこかに書いておく。募金の目的はちゃんと説明しないといけない。チラシをつくって、学校の公認でやっていることも明記しておこう。情報はわかりやすく書くこと。

　目標金額が集まったら、募金はおしまい。いよいよ問題解決に向けて行動をはじめよう。結果がどうなったか、出資してくれた人にも報告しよう。かれらも目的を達成するために集まった仲間なんだから！

　　クラウドファンディングはだれでもかんたんに必要なお金を集められる方法として、日本でも広がっている。たとえば、アフリカの児童労働問題に取り組む神奈川県の中学生がクラウドファンディングを使ってお金を集め、その問題を扱う大きなイベントを実施した例もある。

革命は成しとげられた！

きみのグループが提起した問題のリストを書こう。それぞれにどれだけ票が集まったかも書いておこう。

	問題	票数
1		
2		
3		
4		
5		

★革命ポイント

屈服しない …… ★★★★★
地球を守る …… ★★★★★
他人を助ける … ★★★★★
欲ばらない …… ★★★★★
好奇心をもつ … ★★★★★

準備期間
時間がかかる

持続時間
1回

 この映画を観てみよう

『ブルース・オールマイティ』（トム・シャドヤック）

革命 12

だれかのお墓を探しにいこう

　墓場に行くのが好きな人なんていない。ぼくらが墓場に行くのは、お盆やお葬式など、何か必要があるときか、とくべつに大切な人のお墓参りにいくときくらいだろう。こんにちでは、お墓参りは心やさしい行動だというていどにしか思われていないけど、かつてはそうじゃなかった。死者やご先祖さまを、まるで神さまか英雄かのように崇拝していたのだ。

　今回の革命では、名もなきだれかの功績に思いをはせてみよう。墓場に入って、お花を供えられていないだれかのお墓にお花を供えるんだ。

だれもお参りにこないお墓に眠っている人はたくさんいる。世界はかれらを忘れて走りつづけてる。世界にブレーキをかけよう。それはきみの心を少しやさしくしてくれるし、かれらがどんな人で、何をした人なのかを知りたくなるはずだ。

　もし近くに墓場がいくつもあるなら、いちばん昔からあるところを選んで、そのなかにある古びてて、ほこりまみれで、お花が供えられてないお墓にねらいを定めよう。刻まれた建年号（お墓を建てた年のこと）が200年はまえのものがいい。色あせて読めないくらいであればベストだ。書いてある名前にも注目しよう。いまとはぜんぜん違ってて、ヘンな名前って思うだろう。タイムスリップしたような感覚になるはずだ。お墓をきれいにしてあげて、落ち葉を掃除しよう。そこにお花を供える。お墓の場所とその人の名前、没年月日を記録しておこう。エピタフ（墓碑銘）があれば、それも忘れずにメモすること。エピタフっていうのは、墓石に刻まれたことばのことだ。たとえばイタリアなら、「台風で亡くなった」とか「鶏肉がきらいだった」とか、その人の情報が書かれてる。

　だれも覚えていないその人のことを、きみだけは覚えておこう。

革命は成しとげられた！

名前、没年月日、エピタフなど、墓石に書かれていたことを記録しよう。墓石が独特のかたちをしていたら、その絵も描いておこう。

★革命ポイント

屈服しない …… ★☆☆☆☆
地球を守る …… ★☆☆☆☆
他人を助ける … ★☆☆☆☆
欲ばらない …… ★★★★☆
好奇心をもつ … ★★★★☆

準備期間

すぐできる！

持続時間

1年に1回

 この本を読んでみよう

『墓場の少年 ― ノーボディ・オーエンズの奇妙な生活』
（ニール・ゲイマン）

10キロ歩こう

　1キロメートルって、どのくらいの距離かわかる？　車のなかに座って移動してたんじゃ、距離感はあやふやなままだけど、1回歩いてみたら実感できるぞ。1キロは少なくとも千歩はある。じゃあ10キロは？　1万歩だ。歴史に出てくる名だたる革命は、足で1歩1歩進むことで達成された。

　今回の革命はとってもシンプルだけど、ちょっぴり骨が折れるぞ。運動したくて道案内もしてくれる大人といっしょにやったほうがいいかもしれない。ひとりでやる場合は、危険もあるから真剣に取り組むこと。10キロ歩くのはそうとうしんどいし、少なくとも2、3時間はかかるだろうから。

　革命の第1段階は、たどり着くべきゴール地点を決めることだ。きみの町のことをよく知っている人か、いっしょに行って

くれる大人と相談して決めよう。田舎、山、海、どこを歩くかはたいして重要じゃない。砂浜を5キロ歩いたら、同じ道をまたひき返してきてもいいし、まっすぐ10キロ歩いて、帰りは公共交通機関を使ってもいい。

目標を書いて、部屋の壁に貼っておこう。きみのグレートジャーニーは、いつ、どこをめざすものなのか。だれと行くかも決めよう。山に行こうとしているなら、ぜったいにひとりでは登らないことだ。ぜったいに！　山では何が起こっても不思議じゃない。また、人数が多すぎるのも逆によくない。いっしょに行く人数は、最大で3、4人くらいがちょうどいい。そうでないと、予想外のことが起こって、歩くどころか、1歩も進めなくなるっていう危険もある。

だれとどこへいつ行くかが決まったら、トレーニングをはじめよう。いきなり明日10キロの旅に出ようとしても、ちょっと難しい。もし成功しても、1週間は足の痛みに苦しむだろう。ひざを壊したり、足の爪が割れたり、なんてことも覚悟しないといけない。

3か月で10キロを歩けるようになる計画で、まずは明日、1キロを歩いてみよう。1週間以内に2キロ、2週間以内に4キロ、できれば1か月で6キロをめざす。どのくらい歩けるのかを理解しないといけない。それは呼吸のしかたで判断できる。ちゃ

んと息を吸って吐けてるならまだ歩けるし、息が上がってきたら休むころあいだ。呼吸を意識してトレーニングしよう。

長い距離を長い時間歩くには、3つの大事なポイントがある。水分をとること、食べること、よい靴を履くことだ。

まずは水筒を用意する。地図で水を補充できるポイントを探すか、はじめから2リットルの水を持って出かけよう。レモン汁を2滴絞って入れておけばなおいい。

食べものは、できるだけ少なくしよう。なぜなら消化はきみを疲れさせ、体の動きを鈍くするからだ。分厚いサンドイッチなんか食べたら歩くどころじゃないぞ。アーモンドやクルミ、ドライフルーツは栄養があっておいしいし、すぐにエネルギーに変わる。チョコレートもエネルギー補給にいい。

最後に靴だ。トレーニングをしていて、どうも具合が悪いなと感じたら、靴をかえよう。固くて履き心地のよいものがいい。ヒールがあるものはダメだ。ぺたんこのスニーカーを選ぼう。

準備ができたら歩きだそう。大事なのは途中で投げださずに歩ききることだ。はじめは死ぬほど退屈かもしれないけど、長い距離を歩いているうちに、別の気持ちが芽生えてくる。何を感じた？忘れないように書いておこう。

革命は成しとげられた！

きみがたどった道のりと地図をここに記そう。

★革命ポイント

屈服しない …… ★☆☆☆☆
地球を守る …… ★★☆☆☆
他人を助ける … ★☆☆☆☆
欲ばらない …… ★★★★☆
好奇心をもつ … ★★★★☆

準備期間

時間がかかる

持続時間

1回

 この映画を観てみよう

『フォレスト・ガンプ／一期一会』（ロバート・ゼメキス）

もっと辞書を使おう

　母国語であっても、正しく使うのはなかなか難しい。ぼくらはいつも、単語をいいかげんに並べたり、複雑な感情を描写するかわりに絵文字やスタンプを使ったり、略語や流行語、スラングなんかを好んで、深い議論なんてできなくなってしまっている。使い方がよくわからない古くさい言い回しもたくさんある。でもぼくたちの言語はほんらい、力強く、美しく簡潔で詩的だ。あらためてことばについて学ぶ——それが今回の革命だ。

　まずは基本、つまり単語からはじめよう。イタリア語では、じゅうぶんな教育を受けた人が使う語彙（すべての単語）は、だ

いたい4万7000語の単語から成っている。だがじっさいには、6500語の基本語彙があれば、言いたいことはほぼ表現できるレベルになるといわれている（日本語では、一般成人の理解語彙は約4万語とされるが、じっさいには1万語から1万8000語があれば、日本語で書かれたものを読み、話されたことを聞いて理解することができるといわれる──訳注）。

　この革命を成しとげるには、大きな辞書が役に立つ。大きければ大きいほどいい。うちにあるかどうか、親に聞いてみよう。なければ買いにいくか、親戚や同志のだれかに借りるとよい。確保できたら、毎日適当にぱっと開く。今日「あ」ではじまる単語を選んだなら、明日は「も」から、あさっては「す」からと、いろいろな単語にふれてみよう。名詞、動詞、形容詞、接続詞など、あらゆる単語のなかから、説明書きが2ページにまたがっているような大事なものを選ぶこと。

　新しい単語か、意味のわからない単語に出会ったら立ちどまって、辞書になんと書いてあるか調べて、ノートに書こう。意味がわかったら、文のなかでどうやって使うか想像する。そうやって、使いこなすための訓練をするんだ。この作戦をまる1か月、毎日くり返す。すると、いろんな表現を使って、うまく話してやろうって気持ちがわいてくる。ことばは「マインクラフト」といっしょだ。1つひとつの単語がブロックみたいなもので、やりたいように自由に創造できる。

　でも、注意しよう。ことばってやつの多くは、やがて古くな

ったり、違った意味に変化したりする。科学用語とか解剖学用語とか、複雑なことばほどその傾向が強い。新しいことばを30個覚えても、それは出発地点であり到着地点じゃない。たまたま選んだそのことばをうまく使うためには、別のことばが必要になってくるんだ。そこで活用すべきなのが、やっぱり辞書だ。きみのことばの貯水池にことばを貯めれば貯めるほど、口を開いたとき、うまく水が流れだす。シンガーソングライターやラッパーが自由自在に歌詞をつくれるのはどうしてだろう？　答えはかんたん。それだけたくさんのことばを知ってるからだ。

　ちょっとしたいたずらをやってみよう。新しい単語を書いた紙をポケットに入れて、親にそのことばを知ってるか、どういうふうに使うか、聞いてみよう。何かを学んだら、それを知らない人や忘れてしまった人に教えてあげること。これもひとつの革命なんだ。

革命は成しとげられた！

きみが見つけたお気に入りのことばを8つ書こう。

	ことば	意味
1		
2		

3	
4	
5	
6	
7	
8	

★革命ポイント

屈服しない …… ★★★☆☆
地球を守る …… ★☆☆☆☆
他人を助ける … ★☆☆☆☆
欲ばらない …… ★★☆☆☆
好奇心をもつ … ★★★★★

準備期間

すぐできる！

持続時間

1か月

この映画を観てみよう

『スラムドッグ$ミリオネア』(ダニー・ボイル)

先生にごきげんを尋ねよう

　どうしてだれも、「先生、元気?」って聞こうとしないのかな? 世界中のすべての子どもにとって、教卓でえらそうにしゃべるやつなんてみんな敵だ、というのは暗黙の了解だ。だが、それはまちがった危険思想だ。少なくとも、すべての先生がそうだというわけじゃない。

　先生は、勉強を教えるのはもちろん、クラス全体の面倒をみたり、ほかにもいろいろ重要で難しい仕事をしてる。それに、きみたちと同じように、楽しかったり落ちこんでたり、気持ちの浮き沈みもある。だから、仕事のじゃまをしないように、先生に声をかけるタイミングは慎重に見定めないといけない。授

業がはじまるまえか終わったあとの休憩時間がねらい目だ。こういう質問を受け入れてくれる先生を選ぶのもポイント。先生がひまな絶好の瞬間を見はからって、こう尋ねる。「先生、元気？　調子はどう？」——友だちの目の前で、見せつけるようにやってみよう。

きっと先生は、なんでそんなこと聞くんだっていぶかしむだろう。でも恐れる必要はない。この革命は、そんな先生たちを魅了するだけの内容があるんだから。ふだん学校では先生を尊重しないといけないけど、この革命では必要以上にかしこまることはない。授業中じゃないとき、友だちに話すように話しかけてみよう。まずは「先生、元気？」ってひと言からだ。

ぼくらの脳には、まるで自分のなかに他人を住まわせることができるかのような力がある。ミラーニューロンという脳神経細胞によるもので（イタリアの研究チームが発見した！）、これによってぼくらは他人の感情を感じとることができる。ミラーニューロンは共感能力にも関係している。だれかが何かの感情を感じているのを見ると、まさに自分も同じ感情を感じているかのように思ってしまうんだ。もちろん、先生が相手であっても同じことが言える。

革命の第2段階は、もっとおもしろいし、もっと重要だ。先生の話をよく聞いてわかってあげること。もし、「ちょっといま調子が悪いんだ」とか「じつは困ってることがあって」とか「あせってるん

だ」「悩んでるんだ」なんて漏らしてきたら……友だちを助けてあげるみたいに、救いの手を差しのべてあげよう。重要なのは、クラスのみんなを巻きこむことだ。学級委員になったつもりで、茶化さずに、率先してみんなを引っぱってやろう。

反逆に反逆しよう。つまり、先生の頭のなかを想像して、尊重して、かれらの欠点を見ないようにするんだ。先生が、きみやクラスのみんなにいつもやってくれてるように。

もうひとつ大事なことがある。先生が悪いふるまいをしていると思ったら、きみもよくない態度で接してやるんだ。話をしにいって、きみのきげんが悪いことを伝える。その理由は……宿題が多すぎたから？　ほかの子じゃなくて、きみが怒られたから？

親は黙っていてもきみに向きあってくれるけど、ここにはきみから語りかけるべき人がいる。思い切ってトライだ！

革命は成しとげられた！

先生の名前と担当教科をここに書こう。先生がなんて言ったか、きみが何をしてあげたかも書いておこう。

★革命ポイント

屈服しない …… ★★★☆☆
地球を守る …… ★☆☆☆☆
他人を助ける … ★★★★★
欲ばらない …… ★☆☆☆☆
好奇心をもつ … ★★☆☆☆

準備期間

すぐできる！

持続時間

1回

 この本を読んでみよう

『テラプト先生がいるから』（ロブ・ブイエー）

球技をやって、
うまくない子にもボールを回そう

　サッカーって、なんだろう？　バスケットボールは？　バレーボールは？　すばらしいチームスポーツで、友情と勇気と情熱が生まれる。なにより楽しくて、特別な瞬間の連続だ。だけどいつもいつもそうじゃない。才能や上昇志向、エゴイズムや勝利への執着は、ときにすべてを台なしにしてしまう。ひょっとしてきみは、鏡に写る自分をまるでリオネル・メッシだとでも思ってるんじゃないか？　それにひきかえ、友だちのジャンニはからっきしだ。だからチーム分けのときに、どちらのチー

ムもジャンニをチームに入れようとしない……。残念ながら、ぼくも昔はそんなふうだった。

　世の中には格差や不平等がいっぱいあるけど、それをひっくり返すのが革命というものだ。さあ、みんなで一丸となってサッカーの世界に革命を起こそう。サッカー弱者に栄光あれ！

　革命の実行に必要なのは、チームメイト、ボール、ポジション決め、なにより公平さだ。きみにじゅうぶんにサッカーの技術があるなら、自分みたいにやれってみんなに教えてあげることができるだろう。じっさいにやってみせるのがいい。みんながそんなにうまくないのなら、あれこれ難しいことを言いすぎちゃダメだ（みんなをうんざりさせるだけだからね）。

　リーダーをふたり決めて、チーム分けをする。きみがリーダーなら、まずチームメイトにじょうずじゃない子を選ぼう。きみがリーダーじゃないなら、自分のチームのリーダーに、じょうずじゃない子を選ぶように言おう。「えーっ、ジャンニと同じチームになったらぜったい負けるよ！」なんて言われたら、こう言ってやる。「ぼくはそうは思わないよ。彼を信じよう！」

　チームを決めたら、固いものでひっかいて地面にラインを引こう。試合開始！　かれらが何もしてなかったら、「パス！」って叫びつづけよう。試合のあいだじゅう、ずっと声を上げる。

ボールが回ってきたら、みんなにボールを回そう。チームのメンバーそれぞれに、あまりうまくない子にも、1回はボールが回るようにしよう。みんながゲームを楽しめるように。うまくゴールを決められなかったとしても、たいした問題じゃない。1人ひとりが自分をチームの一員だと感じていたなら、そのチームは最強なんだ。逆に、だれかひとりでも疎外感をかかえてるようなら、この奇跡は起こらない。何度も負けながら、このことを自分のなかに刻みこもう。

 ## 革命は成しとげられた！

きみのチームのメンバーの名前を書こう。それぞれの長所と短所も書いておこう。

名前	長所	短所

★ 革命ポイント

屈服しない …… ★★★★★
地球を守る …… ★★★★★
他人を助ける … ★★★★★
欲ばらない …… ★★★★★
好奇心をもつ … ★★★★★

この本を読んでみよう

『変化球男子』(M・G・ヘネシー)

準備期間

すぐできる！

持続時間

習慣になるまで

昔の歌を聞き、昔の本を読もう

　まわりが聞いてるポップミュージックをきみも好きにならないといけないだなんて、だれが言った？　昔の音楽なんてダサい？　50年前の本なんて新刊よりもつまらない？　流行に立ち向かうのはなかなか骨が折れることだけど、役に立つし、とても意義のあることなんだ。

　はじめるのはかんたん。お母さんやお父さんに、どんな歌手やバンドが好きだったか、また、それはなぜか尋ねよう。好きな曲やその理由も同じように質問しよう。わかったら、その曲を探しにいくんだ。ひとりで見つけるのが難しかったら、親に手伝ってもらう。親が音楽好きなら、昔のお気に入りの曲がう

ちにないか尋ねてみよう。

　はじめから終わりまで注意深く、細心の注意を払って聞く。じっくり味わったら、それについて話をしよう。「これって、あの曲に似てるよね」「あれを思い出したよ」「この曲をカバーしてる最近のバンド知ってる？」なんてふうにね。本についても、同じようにやってみるんだ。

　最新の研究では、家で音楽や本について話しあう習慣を身につけた子は、大人になってから、高収入の仕事につける率が高いといわれている。さあ、掘り出しものを探しにいこう！

だれに聞いた？	どうだった？
曲名	
アーティスト名	

★ 革命ポイント

屈服しない …… ★★★★☆
地球を守る …… ★☆☆☆☆
他人を助ける … ★☆☆☆☆
欲ばらない …… ★★★☆☆
好奇心をもつ … ★★★★★

準備期間

そこそこ

持続時間

それぞれ1回ずつ

この映画を観てみよう

『スクール・オブ・ロック』(リチャード・リンクレイター)

革命 18

自分が生まれたときのことを知ろう

　さて、まわりくどい言い方はせず、単刀直入に言おう。きみが今回の革命で挑まなければいけないのは、照れくさいのをガマンして、自分がなぜ、どうやって生まれたのか、面と向かって親と話してみることだ。

　ソファーに座って、お母さんかお父さんにこんなふうに聞いてみる。「ぼくって、どうやって生まれたの？　どうして子どもをつくろうって思ったの？（もちろんきみが3つ子なら、「どうして3つ子をつくろうって思ったの？」って聞こう。）　何をしようと考えてたの？　いつ子どもができたって知ったの？　そのときどうしたの？」──かれらは何も答えないか、あいまいな答えでその場を切りぬけようとするだろう。「おばあちゃんにも内緒

なんだから」とはぐら
かされそうになったら、
「どうしておばあちゃ
んに何も言わなかった
の？」って食いさがろ
う。逃しちゃダメだ！

　ゲノム研究による
と、人類はいままでに
1070億人も存在したと推計されている。きみはアダムでもイ
ブでもないし、人類最後のひとりでもない。だからといって、
きみの誕生にまつわるエピソードが何もない、なんてことはあ
りえないんだ。

　学校でそういうテーマの課題が出たんだと言い訳して（念の
ため、この本は隠しておこう）、さらにくわしく質問しよう。きっ
ときみは知ることになるだろう。子どもの誕生（とくに３つ子の
誕生）が両親の人生をそうとうに引っかきまわすことを。なん
の心配もなく幸せだったふたりの人間が、突然とんでもない大
混乱の日々に巻きこまれることになる。幸せにはちがいないけ
ど、さまざまな問題が押しよせてきて、幸せのかたちはいまま
でとは違ってくる。

　かれらのことばに耳を傾けよう。ふたりの顔をちゃんと見て、
しゃべったりことばを探したりしているときの目を観察しよう。
そのとききみは、とても大きな革命の記憶に立ち会ってるんだ。

★革命の火を絶やすな！

　親を抱きしめよう。かれらがほんとうにすばらしい決断をし
たことを知ってもらうために。

革命は成しとげられた！

そのとき親は何を思ってた？

感情	それ以前の生活	それ以降の生活

★革命ポイント

屈服しない …… ★★★☆☆
地球を守る …… ★☆☆☆☆
他人を助ける … ★☆☆☆☆
欲ばらない …… ★☆☆☆☆
好奇心をもつ … ★★★★★

準備期間
すぐできる！

持続時間
1回

 この本を読んでみよう

『15の夏を抱きしめて』（ヤン・デ・レーウ）

町を少しきれいにしよう

　世界は汚れていて、ゴミであふれてる。だけど憂鬱になる必要はない。やるべきことをやればいいんだ。真の革命家なら、世の中を変える模範となろう。さあ、ゴミ革命のはじまりだ！頼りになるのはきみの同志たちと、これらのアイテムだ。

- 軍手（作業用手袋）
- ゴム長靴
- レインコート（防水コート）
- 釘バット（先っぽに釘を刺した棒）
- たくさんの袋

- 大人を最低ひとり
- 体力をすぐに回復させるためのチョコレート

同志が集まったら、環境ゲリラを組織しよう。標的は、用水路、どぶ、道、植えこみなど、家の近くにあるものならなんでも。大きな町なら、道路、公園、生け垣などもいい。行くのがたいへんな遠いところはやめておくこと。いずれにしても、かならず大人につきそってもらうようにしよう（あとでゴミを運ぶときにもすごく助かるぞ！）。

きれいにしたい場所を決めたら、役所（市や町）に連絡して、問題が起こらないように、やろうとしていることを伝えよう（活動中に家に押しかえされた環境ゲリラの例もあるんだ）。

革命の日は、メンバーみんなが参加できる、いちばん近い日曜日にするといい。割り当てを決めよう。小さくて捨てやすいものを集める人、大きくて危険なものや分別が難しいものを担当する人、ゴミ袋係（ゴミ袋を持って、いっぱいになったらしばって、

どこかに集める)、サポート班(時間を計ったりする)っていうふうに。ゴミは集めて、ゴミ集積場に運ぶために分類しよう。30分たったら交替だ! 1時間働いたら10分休憩。水を飲んで、チョコレートをひとかけ食べて、どれだけ成果が上がったか確認しよう。

また、ゴミが分解される時間を調べて、ゴミ問題を軽視する人たちに教えてやろう。これも大事な革命だ。

- ダンボール箱　2か月
- タバコのフィルター　1〜5年
- ビニール袋　10〜20年
- スチール缶　50年
- アルミ缶　200年
- ペットボトル　450年
- 釣り糸　600年

★革命の火を絶やすな!

掃除中の写真をいっぱい撮って、クラスで共有し、どんなおかしなゴミを見つけたか見せてやろう。集められたゴミがどのように処理されるか説明しよう。つぎの日曜日のために、最低4人のボランティアを採用しよう。

日本ではグリーンバードという団体の活動が有名だ。東京の原宿、表参道に毎週日曜日に集まって、おそろいのビブスを着てゴミを拾う活動を2003年にスタートした。いまでは日本全国、そしてフランスのパリなど世界各地80か所での活動に発展している。

革命は成しとげられた！

ひと仕事終えたあとのチームの写真を印刷して、ここに貼りつけよう。名誉あるきみの「共犯者」の名前を書いておこう。

★ 革命ポイント

屈服しない …… ★★★★★
地球を守る …… ★★★★★
他人を助ける … ★★★★★
欲ばらない …… ★★★★★
好奇心をもつ … ★★★★★

準備期間

そこそこ

持続時間

1回

 この映画を観てみよう

『トラッシュ！──この街が輝く日まで』
（スティーヴン・ダルドリー）

ウィキペディアを使わずに調べよう

　ウィキペディアはとても便利だ。みんなが使っているので、知識を均一化してくれる。つまり、ウィキペディアに書かれていることは、みんながあるていど納得していることだともいえる（そうでなければ、だれかがすぐに修正してるだろうから）。だけど、真実はひとつじゃない。世界の別の場所に住んでる人には、まったく別のことが真実だったりする。かならずしもみんなが、ウィキペディアは普遍的だと認めてるわけじゃないんだ。それに、便利で快適なものを好まないのが革命家ってものだ。

　何か調べものをするときは、こんなふうにやってみよう。

　1─インターネットで調べる。ただし、ウィキペディアは使わない。

　2─図書館に行って、ほんものの百科事典を探す。

　3─自分の足で探しまわって、人に聞く。

ひとつめのやり方は、おもしろみには欠けるが、早いし効果的ではある。まず、きみが知りたい事柄のキーワードを使って、関連するサイトをグーグルで探す。ヒッタイトについて調べるなら、まずは「ヒッタイト」って検索しよう。続いて「ヒッタイト　歴史」や「ヒッタイト　地域」っていうふうに別のことばを組み合わせてみる。いろいろなサイトや、動画や画像が表示されるだろう。そこから欲しい情報を手に入れるんだ。

　ふたつめと３つめは、手間も時間もかかるが、ぼくらが好きなやり方だ。家を出て、いろんなところを嗅ぎまわる。まずは図書館から。百科事典をめくって、書き写すべきページを探す。生身の人間にも聞いてみよう。緊張するが、避けては通れない。きっと答えてくれるはずだ。または、もっとくわしい人を知ってるかもしれない。その人がまた別の人を知ってたりする。その人がまた……ってしてるうちに、きみだけのネットワークが構築できる。それこそが、革命家にとっての真の宝物なんだ。

　いちから何かを料理するのと、電子レンジで冷凍ピザを温めるのには雲泥の差がある。きみは革命家だ。ピザを食べるなら、イースト菌からはじめよう！

　　　一次情報と二次情報という言い方がある。インターネット検索や、ニュースなどで得られる情報は、だれかが加工した二次情報。自分の目で確かめたり、直接聞いたりする生の情報が一次情報。情報があふれるいまこそ、二次情報が正しいかどうかをしっかり確認することや、自分の実感をもって得られる一次情報の大切さが増している。

革命は成しとげられた！

何を調べたか、そのために使った情報源を書きだそう。

★革命ポイント

屈服しない …… ★★★☆☆
地球を守る …… ★☆☆☆☆
他人を助ける … ★☆☆☆☆
欲ばらない …… ★☆☆☆☆
好奇心をもつ … ★★★★★

準備期間

時間がかかる

持続時間

1回

この本を読んでみよう

『図書館脱出ゲーム──ぼくたちの謎とき大作戦』
（クリス・グラベンスタイン）

革命 21

ウソをついたり、
ウソをつかせたりするのをやめよう

　人間ならだれだってウソをつく。しょうがなくウソをつく場合もあれば、悪気があってウソをつく人もいる。きみも小さいころ、ウソをつくと鼻が伸びるとか聞いたことがあるだろうけど、もちろんそれはウソだ。まったく矛盾した話だ。

　大人だってウソをつくけど、それを別の言い方で呼んでいる。正当化（「ゴメンゴメン、ほかに空いてるところがなかったんで、ここに駐車するんだ」）、お世辞（「おばさま、あなたはなんて美しいんでしょう」）、いくじなし（「おっしゃるとおりです、あなたがさきに並んでたんですから」）、大風呂敷（「当選した暁には、世界中の問題を解決します！」）、誤情報（「おとなしくしてたら、ひどいことにはならないよ」）、などなど。このように、ウソはいたるところに存在する。

とくにインターネットやフェイスブックにはあふれていて、真実を探すことのほうが困難だ。

きみができる最初のことは、ウソをつくことのメリットを忘れることだ。「もう宿題やった？」「うん！」（ほんとうはまだだけど、そう言わないとゲームをやらせてもらえない）。「テレビばっかり観てたんじゃない？」「そんなことないよ！」（あと1時間だけ観たい！）。身に覚えがあるだろう？

ウソをつくのをやめよう。まずは1日に1回だけにする。それができたら、1回もウソをつかない日をつくってみる。感触がつかめたら、つぎのステップに進もう。

ほかの人がつくウソに参加しない。まずはきみのクラスからはじめよう。他人の悪口を言うのが大好きなやつはどこにでもいる。だれかをからかったり笑いものにしたり、口を開けばイヤなことばっかりで、生け贄を見つけては仲間はずれにするんだ。聖ステファノを殉教に追いやったやつらみたいに！

いったいなぜ人を陥れなくちゃいけないんだ？ 聖ステファノが何も悪くなくても、やつらは純粋な悪意からそういうことをするし、かりに聖ステファノが悪かったんだとしても、いつまでも彼を攻撃するのを聞きつづけるほどムダなことはない。ウソやウワサ話はなんとかしなくちゃいけない。

ウワサ話にはとくに注意しよう。「ローザがマリオとデートしたらしいよ！ ジョヴァンニとつきあってるのに！」。だ

れかがこんなことを言ってきたら、尋ねてやるといい。「どうやってきみはそれを知ったの？　だれがそう言ってたの？　きみが言いだしたの？」。聞きこみ調査をおこない、ウワサの出所をたどって真実を暴こう。そしてこんなふうに言って、ウワサ話の芽を摘みとるんだ。「いやいや、かれらは幼なじみで、ただの友だちだよ」

　ウワサ話を敵に回すのは、リスクがあるだろう。つぎのウワサ話の標的は、たぶんきみになるからだ。でもきみは革命家だ。そういうことに対する備えはできている。しかるべきときに、真実を主張することができるだろう。大事なのは、ほかのウワサ話を蔓延させないことと、だれかがウワサ話をしていたとしても、まったく興味がないって示すことだ。

　そうしてるうちにだんだん、まわりのみんながウワサ話なんかに興味をなくしていくのに気づくだろう。そしたら違う話をはじめたらいいのさ。

革命は成しとげられた！

きみたちが言わなかったウソ、信じなかったウワサ話をここに記そう。

ウソ	ウワサ話

★ 革命ポイント

屈服しない …… ★★★★★
地球を守る …… ★★★★☆
他人を助ける … ★★★☆☆
欲ばらない …… ★☆☆☆☆
好奇心をもつ … ★★★★★

準備期間
すぐできる！

持続時間
習慣になるまで

 ### この本を読んでみよう

『その年、わたしは嘘をおぼえた』（ローレン・ウォーク）

革命 22

市長に3つの約束をしてもらおう

　現代社会の大きな問題は、人びとのためにあるべき政治が、人びとの願いを聞いてくれないことだ。逆もまた真なり。人びとが政治に無関心である以上、ものごとが公共の利益のために正しくおこなわれているのかを確かめるすべはない。だが幸運なことに、きみと同志たちは、すべてに取り組む覚悟ができている革命家だ。だったら、政治の世界で少しばかり汚い手を使う覚悟もできているだろう。革命の手順はつぎのとおり。

　1―市長と会う約束をする。メールでじゅうぶんだ。

　2―インタビューをする。

3―きみたちが思う、やるべきリストを持っていく。
4―3つの約束をしてもらう。
5―その約束が守られているかどうか、数か月間注視する。

　自分の住んでる市の市長と話をしにいこう。「文化的な目的」のためにインタビューしたいと許可を得るのが、市長に会う唯一の方法だ。小さい市なら、市長に会うアポをとるのはそんなに難しいことじゃない。大きい市になると手続きは少し面倒だけど、その場合は、副市長や市長補佐官に会いにいくのでもいい。市長補佐官が何かわからなかったら、すぐに市のホームページを検索して、情報を得よう。

　ここからが正念場だ。いいかい、これはトラップなんだ。どのように市政がなされているか、あるべきようになされてないならそれはなぜなのか、情報を引きだすためのね。そのために、インタビューの質問は入念に準備して、そのことについてほんとうに興味津々で質問しなければいけない。こんな感じで。
「公園があまりなくて、どれも汚れているのはなぜ？」「アーケードのあるところでスケートボードをやってはいけないのはなぜ？」「子どもたちがボール遊びしている道を車がビュンビュン走っているのはなぜ？」

あとでチェックするために、返答はメモをとっておこう。もっといいのは、ボイスレコーダーで録音しておくことだ（録音するまえにはちゃんと許可をとろう）。

市長には礼儀正しく自己紹介しよう。かならずしもきちんとした服装でいくことはないけど、お風呂に入って、髪も櫛でとかしていこう。礼儀はこちらから守らなければいけない。きみの心にある３つの小さな約束をしてもらうように努力しよう。公園のなかにドッグランをつくってほしい、地域で自転車レースを開催してほしい、サッカー大会、ダンスコンテスト……、実現させたいことが３つはあるはずだ。もし思いつかなかったら、友だちとか、ダンスクラブやサッカーチームの仲間に聞いてみよう。きみたちの町にないものはなんだ？　何が必要だって感じてる？　そう、市や町ができることはきっとある。

お願いしよう、主張しよう、祈ろう。ひとつだけでも約束してもらえたら、たいしたものだ。

市長に感謝して、いちばん最初にやることは、もっともエキサイティングな第１段階にもういちどもどることだ。３か月後にふたたび会ってくれるように、市長にアポをとるんだ。３か月のあいだ、進捗を確かめよう。

３か月たったら、市長にもういちど会いにいく。感謝のことばを述べてお祝いをする、そしてなにより、また別の約束をしてもらう絶好の機会になるだろう。

★**革命の火を絶やすな！**

望むなら、右のページにその約束を書いて、市長にサインしてもらうこともできるぞ。

革命は成しとげられた！

市長に要求した約束を3つ書こう。

1 _____

2 _____

3 _____

★革命ポイント

屈服しない …… ★☆☆☆☆
地球を守る …… ★★★★★
他人を助ける … ★★★★★
欲ばらない …… ★☆☆☆☆
好奇心をもつ … ★★★☆☆

この本を読んでみよう

『HOOT』（カール・ハイアセン）

準備期間

時間がかかる

持続時間

1回

革命 23

笑いの記念日をつくろう

　ときにはつまらない日だってある。気分はどんよりしていて、何もかもうまくいかない。そんな日には、笑うことすらおっくうだ。そういう日には、ユーモア革命が必要だ！　自分も笑って、ほかの人も笑顔にする。まったく違うふたつの革命を同時に起こそう。

　きみがすべきことはいたってシンプルだけど（少なくとも言うのはかんたんだ）、ありあまるほどの根性とタフな顔面が必要だ。1日中（学校が休みの日のほうがいいかな）、きみの半径1メートル以内にだれかがやってきたら、かれらの目を見て、満面の笑みを向けてやるんだ。このシンプルな行動がどんな反応を生むかを目の当たりにしたら、きっとびっくりするぞ！　笑顔を向け

た相手だけじゃなく、まわりの人も同じように笑ってくれる。
「なぜそんなに笑ってるの?」って聞かれたら、きみが革命家で、まわりの落ちこんだ空気を変えてる最中なんだって説明しよう。

きみが変えられるのはそれがすべてじゃない。最近の研究では、笑うことは顔を3歳若く見せ、笑ってる人はそうじゃない人にくらべて7年近く長生きするといわれてる。最高だろう?

さあ、いますぐはじめよう!

 革命は成しとげられた!

革命を起こした場所と日付を書こう。

_____

きみの笑顔の写真を貼ろう。

★革命ポイント

屈服(くっぷく)しない …… ★★★★☆
地球を守る …… ★☆☆☆☆
他人を助ける … ★★★★☆
欲(よく)ばらない …… ★★☆☆☆
好奇心(こうきしん)をもつ … ★★☆☆☆

準備期間(じゅんびきかん)

すぐできる！

持続時間(じぞくじかん)

1か月に1回

 この本を読んでみよう

『ワンダー Wonder』（R・J・パラシオ）

革命 24

流行を追うのをやめよう

　たとえば、イタリアのファッション産業で動くお金は、840億ユーロにのぼると試算されている。はやりのブランドのロゴが入ってるってだけで、ジーンズやTシャツに大金を払わないほうがいい。賢い革命家なら、そんなものがなくてもカッコよくなれることを証明してやろう。

　今回の革命はシンプルだ。靴やTシャツやジーンズを買わないといけないとき、有名なものはなるべく避けて、似た感じのデザインで自分好みのものを選ぶ。あまり知られていないブランドで、もちろん値段もお手頃のやつだ。

好きなサッカー選手やお気に入りの女優と同じTシャツを持っていないからって、なんの問題がある？ 多くの場合、何を着るかを選ぶのはかれらじゃない。かれらはその服を着ることでお金をもらってるんだ……！ だから、有名じゃない服を選ぶか、古着屋や商店街を歩いて気に入るものを探してみよう。もっといいのは、国内で、できればきみの地域で生産されたものを買うことだ。

　まだまだできることはある。ほかの人の服を再利用する。お兄ちゃん、おじいちゃん、いとこのセーターなんかは、状態がよければ、ステキだし、じゅうぶんあったかい。だれか、サイズがあわなくなったから着なくなったっていう服を持ってるものだ。もらって、きみが着たらいい。ものの寿命をのばしてあげると同時に、その歴史を着てる、って言うこともできる。もしだれかが、きみが流行に乗れてないって言ってきたら、こう答えてやろう。「きみ、年季が入ってないね」ってね。

96

革命は成しとげられた！

買ったものの値段をそれぞれ書こう。似たようなデザインのブランドものの値段も調べて、くらべてみよう。

服	有名ブランド	ノンブランド
Tシャツ		
ズボン		
シャツ		
靴		
セーター		

★革命ポイント

屈服しない …… ★★★★★
地球を守る …… ★★☆☆☆
他人を助ける … ★★★★☆
欲ばらない …… ★★★★★
好奇心をもつ … ★★★☆☆

準備期間

すぐできる！

持続時間

習慣になるまで

 この本を読んでみよう

『トラベリング・パンツ』（アン・ブラッシェアーズ）

革命 25

大先輩に歴史的事件を語ってもらおう

　本とインターネットは、世界を知るためのすばらしいツールだが、きみ自身がじっさいに何か経験できるわけじゃない。でも、かつて歴史的な大事件が起こったとき、世界にはおおぜいの人間が生きていたし、直接その出来事を経験した人もたくさんいる。そのときの話を生身の声で聞くことは、とても貴重な経験だ。これもひとつの革命なんだ。

　お年寄りをひとり探して、いままでの人生で経験した大きな出来事について話してくれるようお願いしよう。許可をとったうえで、その話を録音させてもらおう。小さなボイスレコーダーがあればじゅうぶんだ。望むなら、これも許可をとったうえで、小さなビデオカメラで動画に撮らせてもらおう。

きっとお年寄りの話には、方言や、若いころ使っていた昔のことばがいくつも飛びだすだろう。それを聞いているだけでも楽しい経験だけど、最低でも10個のことばを

教えてくれるようにお願いしてみよう。メモをして、自分でも使ってみること。

　さて、どこに行けばお年寄りがいるだろう？　きっと家族か親戚にひとりはいるはずだ。お母さんはまだ若いだろうから、お年寄り扱いしたら怒られるぞ。おじいちゃんかおばあちゃん、おじさんかおばさんがいい。もしきみがスゴ腕の革命家なら、革命9も同時にやってみるといい。近くの公園か老人ホームに行って、お年寄りと話す。かれらの話に興味があることをきちんと伝えよう。尊敬の気持ちをくれぐれも忘れないように。

　いくつか追加でアドバイスだ。

- インタビューをはじめるまえに、何を話すつもりか聞いておこう。お年寄りの話は脱線しがちだ。ときには、うまく話をもとにもどしてあげないといけないだろう。
- 何か飲むものを持っていこう。好きな飲みものと苦手な飲みものをあらかじめ聞いておこう。
- メモをとろう。きみが受けた印象と感情の変化を書いておこう。

　録音した音声は大事に家に持って帰ろう。学校に持っていって、クラスのみんなと共有しよう。

革命は成しとげられた！

話を聞いたお年寄りの名前と、話の内容、記録した方法を書こう。

_____

_____

_____

_____

話のなかに出てきた知らなかったことばを、聞こえたまま書きしるそう。

1 _____

2 _____

3 _____

★ 革命ポイント

屈服しない …… ★★☆☆☆
地球を守る …… ★☆☆☆☆
他人を助ける … ★★★☆☆
欲ばらない …… ★★☆☆☆
好奇心をもつ … ★★★★☆

準備期間

時間がかかる

持続時間

3回

 この映画を観てみよう

『カールじいさんの空飛ぶ家』
（ピート・ドクター、ボブ・ピーターソン）

分別収集の鬼になろう

　きみの家にはストッカー(食糧貯蔵庫)がある？　タンスみたいで、なかに食べものがいっぱい入っているやつだ。開けてみよう。何が見える？　お菓子の入った箱(紙製)、ジャムのビン(ガラス製)、ツナ缶(金属製)、パスタの入った袋(プラスチック製)。中身はぜんぶ食べられるけど、食べたあとにはそれらを入れてた紙、ガラス、金属、プラスチックが残る。こうなるともはや役に立たないただのゴミだ。本屋じゃなくてネットで本を注文したら、本だけじゃなくて、ダンボール箱やたくさんの広告の束(紙製)もいっしょに届いただろう。カッコいいスニーカーを買ったとき、その場で新しい靴に履きかえて帰ってきたんじゃなければ、ダンボール箱(紙製)やたくさんの包装紙

といっしょに、大きな袋（ビニール製）に入れて渡されただろう。

　かつては包装なんてものはなかった。ものがあるだけだった。いやむしろ、ものがあるだけで幸運だった。欲しいものがちょっと探せば手に入るようになったのなんて、ここ最近のことだ。

　かつてのゴミはレンガや石といった建築の材料や（かつては再利用していた）、鉄製のものや（溶かしてほかのものにつくりかえる）、木材（ボロボロで再利用できなくても、燃やして暖をとることができる）などだった。こんにちでは、ゴミの山を燃やすことはできないだろう。多くのゴミたちが悪臭を放ち、危険な物質に早がわりしてしまう。だからきみは、分別収集の鬼にならなくてはいけない。

　何を分類すべきか。紙ゴミ、生ゴミ、プラスチック、缶ビン、その他だ。生ゴミっていうのは、食べのこし、リンゴの皮、あまったパスタなどなどだ。きみの家に庭があるなら、かんたんにリサイクルできるぞ。バケツみたいなプラスチック容器を用意して、大人に手伝ってもらって、底に穴をあける。ふたつ穴を開ければさらにいい。完成したら、底のほうが下になるように地面に埋める。堆肥作成装置のできあがりだ。生ゴミや食べ残しが出るたびに、この装置のなかに入れていく。何週間かったら、こんなことに気づくだろう。

　A─めちゃくちゃくさくなってる（いいぞ！　なかに入れたものが腐って肥料になりつつある証拠だ）。

　B─小バエがいっぱいわいて、目に飛びこんでくる（いいぞいいぞ！）。

　C─うじ虫がはい回っている（最高だ！　土と有機ゴミが溶けあっているんだ）。

　確認できたら、そのままにしておこう。(これもまたひとつの大きな革命だ。自然はいつも美しくてかぐわしいってわけじゃない。ひどいにおいもするし、はい回る虫は気持ち悪いし、毒のあるやつが刺してくることもある!)

　さらに時間がたてば、りっぱな肥料のできあがりだ。庭の植物にやろう。

　それから、きみの町にはカラフルな大型ゴミ収集箱がある? 街角にこっそりあるから気づかなかった? 色や分別方法は地域によって違うけど、ぼくの町ではこうだ。

- ビンやガラスは緑のゴミ箱に(手を突っこんで、投げいれてみる。だれがいちばん大きな音を出すかな?)。
- 紙ゴミやダンボールは青いゴミ箱に。
- プラスチックゴミは黄色にゴミ箱に。
- 生ゴミは茶色いゴミ箱に(家に堆肥作成装置がない場合はね)。

イタリアではさまざまな色のフタつきゴミ収集箱が地域のい

ろいろな場所に設置されていて、住民はそこにゴミを捨てる。収集車は月の決められた曜日や日にちに収集箱を回ってゴミを回収していく。日本では、地域や住居のタイプによって、ゴミの分別と回収のルールはさまざまだ。ゴミ袋にも指定がある。きみの住んでいるところのゴミ収集のルールを調べよう。

　正しくゴミが捨てられた？　よし、これできみは分別収集の鬼だ。家のなかのゴミについてはプロと言えるだろう。

　もうひとつやることがある。部屋の壁に大きな紙を貼って、きみがゴミ収集所に捨てたゴミ袋の数を記録していこう。つぎのページにも書けるようにしてある。

　親に頼んで、ゴミ袋を10個捨てるごとに、小さなごほうびをもらえるようにしよう（ボーナスはやる気を引きだしてくれる）そうすることで、いつも何を消費しているのか、どれだけのゴミを出してるのかが気づきやすくなる。こんなにゴミを出してるなんて知らなかった？　そう気づいたなら、減らす努力をしよう。ゴミをリサイクルするのはすばらしいことだが、ゴミを出しすぎないのはもっといい。イギリスの地方議員、ロブ・ホワイトの偉業を紹介しよう。彼は1年間でゴミ箱ひとつぶんのゴミしか出さなかった。奥さんとふたりでその量だ。彼こそまさに鬼のなかの鬼、鬼王だ！

★ **革命の火を絶やすな！**

　ゴミ処理場に行って、そこがどんな場所なのか、捨てられたのはどんなものなのか見よう。可能なら、職員さんにも質問してみよう。できればクラスのみんなといっしょに、午前中に見学にいこう。

革命は成しとげられた！

ゴミ収集所に捨てたゴミ袋の数を書こう。

	ゴミ袋の数		ゴミ袋の数
ガラス、ビン		プラスチック	
紙、ダンボール		生ゴミ	

★革命ポイント

屈服しない …… ★★★☆☆
地球を守る …… ★★★★★
他人を助ける … ★★★★☆
欲ばらない …… ★☆☆☆☆
好奇心をもつ … ★★★★★

準備期間
時間がかかる

持続時間
習慣になるまで

 この本を読んでみよう

『ゆめのおはなし』（クリス・ヴァン・オールズバーグ）

革命 27

みんなでテレビゲームをシェアしよう

　ぼくらはテレビゲームが大好きだ。テレビゲームは物語の新しい楽しみ方ってだけじゃなく、ソファーに座ったままで刺激を得られるイケてる機械だ。問題は値段が高いこと。だけど今回の革命に取り組めば、金銭的な問題は解消するぞ。

　きみのうちにゲーム機があるなら、オンラインショップでゲームを買う（ダウンロードする）のをやめよう。理由はシンプルだ。飽きても売れないから！　ゲームはパッケージ版を買おう。革命家の同志やゲーム仲間の友だちとお金を出しあって、みんなでひとつのゲームを買うんだ。だれが保管するかは順番で持ちまわりにしよう。だけどここが肝心、プレイするのはみんな

で集まってだ。自分が保管する番になったら、こっそりひとりでゲームをプレイするのは禁止だぞ！ それこそがほんとうのチームってやつなんだ。

 革命は成しとげられた！

ゲームの所有者の名前と順位を書こう。ゲットした優勝賞品や、編みだした作戦、必殺技なんかがあればそれも書いておこう。

名前	記録	特記事項

★革命ポイント

屈服しない …… ★★★☆☆
地球を守る …… ★☆☆☆☆
他人を助ける … ★☆☆☆☆
欲ばらない …… ★★★★★
好奇心をもつ … ★★★☆☆

 この映画を観てみよう

『ピクセル』（クリス・コロンバス）

準備期間

すぐにできる！

持続時間

習慣になるまで

本やマンガを交換しよう

　読書はぼくらにとって、最高の娯楽だ。一方で、たったひとりの孤独な行為でもある。でも、真の革命家なら、その常識をオムレツみたいにひっくり返して、みんなで楽しめる行為に変えることができる。文学交換会をはじめるんだ。

　きみと同志たちは、好きな本やマンガがバラバラだろう。でも今回の革命を成しとげれば、おたがいの趣味を理解することができるぞ。みんなが持ってる、いままでに読んだ本のリストをつくって、共有するんだ。リストは手書きでもパソコンでつくってもどちらでもいい。これさえあれば、だれがどんな本やマンガを持ってるのかひと目でわかるし、会のメンバーなら、

持ち主に頼んで、読みたい本を貸してもらうことができる。借りたら、大切に扱うこと。

　１か月たったら、みんなで集まって意見交換会をしよう。感想を言いあうんだ。どんなストーリーだったか、どれがお気に入りか、逆にぜんぜんおもしろくなかったか。終わったら、またつぎの１か月のお楽しみだ。

　きみ自身と友だちについて、どのくらい新しいことを発見した？

 革命は成しとげられた！

この表で、だれが何を借りてるのか管理しよう。書ききれなくなったら、ノートを用意して、そこに記入しよう。

貸した人	借りてる人	タイトル	返却済

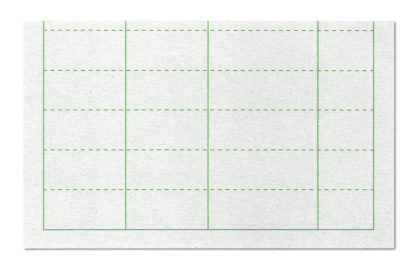

★ 革命ポイント

屈服しない …… ★★★☆☆
地球を守る …… ★☆☆☆☆
他人を助ける … ★☆☆☆☆
欲ばらない …… ★★★★★
好奇心をもつ … ★★★☆☆

準備期間

すぐできる！

持続時間

習慣になるまで

 この本を読んでみよう

『コミック密売人』（ピエルドメニコ・バッカラリオ）

恐怖を克服しよう

　たとえばぼく、ピエルドメニコは、ひとりになるのがこわい。相棒のフェデリーコは大人数のグループに長いこといるのがこわいらしい。だからぼくらはふたりで仕事をすることにしてるんだ。それは半分冗談だけど、だれにだって何かしらこわいものがある。暗いところ、高いところ、だだっ広い空間、汚いもの、きれいすぎるものがこわいなんて人もいる。きみはどうだ。

　何がこわいにせよ、すべての恐怖には原因がある。きらいな食べものがあるなら、きっとそれにも理由はある。たとえば、ぼくがメロンをきらいなのは、小さいときにメロンを食べすぎておなかを壊しちゃったからだ。恐怖もこれと同じだ。心が消

化不良を起こして、おなかを壊したみたいになってるんだ。犬がこわいなら犬にかまれたのかもしれない。かまれてなければ、小さいときからお父さんにしつこいくらい犬に気をつけろって教えこまれたのかもしれない。いろんな可能性がある。

　今回の革命は、きみのなかから、こわいものを少なくともひとつは消し去ることだ。数学がキライ？　注射は？　歯医者さんは？　恐怖をなくすことはすなわち勇気をもつすべを知ることだ。恐怖が完全になくならなかったとしても、やってみる価値はおおいにある。恐怖を乗りこえようとすることじたいが革命なんだ。もし成功したら、すごいことを成しとげたと言える。きみのなかで「こわい！　イヤだ！」って反射的に叫ぶあの声を克服したってことなんだ。

　勇気は生まれつきもってるものじゃなく、理性の力で身につけるものだ。恐怖を克服するにはどうしたらいい？　まずは「恐怖なんてないんだ」って自分自身にくり返し言い聞かせて、気持ちを落ち着かせて、きみがこわがっているものをくわしく観察すること。注射器をよく見てごらん。きみがこわがっているのは太くもなんともないちっぽけな針だ。じゃあ、大きな剣で切りつけられたら？　何をどうすればいい？

　幸運を祈る。勇気を身につけよう。勇気はきみを恐怖から守ってくれるし、けっしてきみをひとりにしないから。

★ 革命の火を絶やすな！

　友だちが恐怖を克服する手助けをしてやろう。水がこわいのなら、泳ぎを教えてあげる。コウモリがこわくて泣きさけんでるなら、コウモリが人の髪の毛にもぐりこんでくるなんてウソだよって教えてあげよう。

113

革命は成しとげられた！

まえはこわかったけど、こわくなくなったものを書こう。

★ 革命ポイント

屈服しない …… ★★★★★
地球を守る …… ★★★★★
他人を助ける … ★★★★★
欲ばらない …… ★★★★★
好奇心をもつ … ★★★★★

準備期間

とても時間がかかる

持続時間

習慣になるまで

 この映画を観てみよう

『グースバンプス モンスターと秘密の書』（ロブ・レターマン）

革命 30

電気を使わずに1日を過ごそう

　電気はぼくらの生活の一部になっていて、その存在に気づきすらしないくらいだ。電気というものにもういちどスポットを当てるいちばんいいやり方は、最小限の明かりしか使わずにまる1日生活してみることだ。また、現在の世界では10億人以上の人が、スイッチを入れれば電気がつくというような生活を「していない」ということも覚えておこう。

　まずは、家族全員の同意が得られた日曜日を選ぼう。朝起きたら、電気を使うすべてのものの電源を切るんだ。テレビ、時計、スマホ、パソコンにステレオ。冷蔵庫と冷凍庫は例外としてつなげておいていい。それらなしの生活をはじめてみる。暗

くなってきたら、ろうそくをつけよう。もしきみがマンションの7階に住んでたら……階段で上り下りしないといけないぞ！
1日の最後に、みんなにこう質問してみる。「今日1日、どうだった？」

★ **革命の火を絶やすな！**
家の電気の管理人になろう。出かけるまえに、家の電気がすべて消えてるかを確認するのはきみの役目だ。

つい最近まで、日本では電気は「使う」というイメージしかできない人が多かった。でもいまは「つくる」「減らす」「ためる」「選ぶ」など、電気とのつきあい方のイメージが変化している。それぞれ、どんなアクションなのか考えて実行してみよう。

 革命は成しとげられた！

この1日に、電気がないことでどんな問題が起こったか書いてみよう。暗くて書けないって？　ろうそくをつけるんだ！

時間	問題	解決法

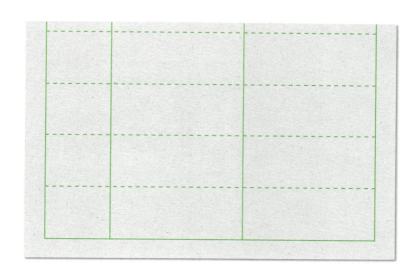

★革命ポイント

屈服(くっぷく)しない ……★★★★★
地球を守る ……★★★★★
他人を助ける …★★★★★
欲(よく)ばらない ……★★★★★
好奇心(こうきしん)をもつ …★★★★★

 この本を読んでみよう

『百年の家』
（J・パトリック・ルイス、ロベルト・インノチェンティ）

準備期間(じゅんびきかん)

そこそこ

持続時間(じぞくじかん)

1回

革命 31

2リットルの水だけを使って1日を生きよう

　歯を磨くとき、水を出しっぱなしにしてる？　シャワーは全開でジャージャー浴びるのが好き？　何百万人がそうだから、ぼくらはとんでもない量の水を浪費してる。この情報を覚えておこう。平均的なイタリア人は、1日に241リットルの水を使ってる。これはヨーロッパでもっとも残念な記録だ（さらに残念なことに、日本はそれ以上の水を使ってる！――訳注）。

　世界中の人びとがみんな、ぼくたちみたいに、自由に水を使えるわけじゃない。そこで今回の革命は、水をできるかぎり節約して使うこと。そうすることで、ぼくらがいかに恵まれているかがわかるだろう。きみが使える水は、1日で2リットルだ。

　500ミリリットルのビンか水筒を用意して、水を詰める。2

本で1リットル、4本で2リットルだ。これだけで1日もたせる。手や顔を洗う、料理をする……。お母さんにはあらかじめ、きみのぶんのパスタをゆでるのも、くだものや野菜を洗うのもこの水を使ってねって言っておこう。もちろん、トイレで用をすませたあとも、レバーをひねるかわりにこの水を使うんだ。めちゃくちゃ少ないって感じるだろう。つぎの日、自分の体がいつもより少しだけくさいかもしれないけど、そのくらいガマンしよう。大いなる目的のための小さな犠牲だ！

★革命の火を絶やすな！

1日以上革命を続けよう。1週間、使う水も2リットル以下に減らしてみよう。トイレの水は、この挑戦ではレバーをひねってよし！

世界保健機関（WHO）が定める「生活に最低限必要な水」は、ひとり1日50リットル。たとえば砂漠の国・アフガニスタンでは、1日に25リットルしか使えない。日本に水があることに感謝しよう。人間は生きるために1日1.5リットルの水の摂取が必要なので、この挑戦は、飲み水は別にしっかり確保したうえでおこなってほしい。

革命は成しとげられた！

1日で、何にどれだけ水を使ったか、細かくメモしておこう。

★革命ポイント

屈服しない ……★★★★★
地球を守る ……★★★★★
他人を助ける …★☆☆☆☆
欲ばらない ……★★★★★
好奇心をもつ …★☆☆☆☆

準備期間

そこそこ

持続時間

1回

 この本を読んでみよう

『魔法の泉への道』（リンダ・スー・パーク）

善意銀行券を発行しよう

　ぼくらの社会では、お金がすべてを結びつけてるっていわれてる。ほんとうにそうかな？　欲しいものをお金なしで手に入れる方法はたくさんある。たとえば寄付や物々交換は、古いやり方だけど、いまでも有効だ。

　自分だけの銀行券を発行しよう。ただの銀行のじゃないぞ。善意銀行券だ。

　善意銀行が発行するお金は紙幣で、その価値はきみの行動＝「善意」によって決まる。何かを買うとき、世の中で流通してるお金のかわりに、善意銀行券を相手に渡す。受けとった人は、それを渡した人に返せば、そのときに「善意」を受けとること

ができる。小さい紙幣の場合は小さな善意が、大きな紙幣だと大きな善意が受けとれる。

善意銀行券を発行するのに必要なものは、紙、ペンやマジック、色鉛筆、はさみ。デザインは自分で自由に考えていい。5枚の小さな紙幣と3枚の大きな紙幣、特大のも1枚つくろう。自分の名前を忘れずに書いておくこと。紙幣を受けとった人が、あとでだれから善意を受けとればいいのか覚えておけるようにだ。

「善意」って、何をしたらいいのかって？ それはきみが決めたらいい。学校でのことでもいいし、家事手伝いでもいい。芝生刈りでも、自転車を貸してあげるなんてことでも。善意銀行券で払ったあとは、何か頼まれるまでは何もしなくてもいい。ただし、頼まれたらぜったいに何かをしてあげないといけない。

善意銀行券を受けとった人は、だれか別の人から何かを買うのにそれを使ってもいい。いつか、きみが思ってもなかっただれかが、きみに善意を返してもらいにくるかもしれない。その出会いを楽しみに待ってみよう。

革命は成しとげられた！

だれにどの善意銀行券を渡したか書いておこう。

だれに	どの券を	メモ

★ 革命ポイント

屈服しない …… ★☆☆☆☆
地球を守る …… ★★☆☆☆
他人を助ける … ★★★★★
欲ばらない …… ★☆☆☆☆
好奇心をもつ … ★★★★☆

準備期間

時間がかかる

持続時間

1回

 この映画を観てみよう

『ペイ・フォワード──可能の王国』（ミミ・レダー）

革命
33

自分ひとりで用意できる
ものだけを食べよう

　ぼくらはじつに裕福な時代に生きている。冷蔵庫を開ければ、食べものがいっぱい入ってる。スーパーマーケットに行けばなんでも買えるし、電話で注文するだけで家にごちそうを届けてもらうこともできる。だけど、ぼくらは自分が食べてるものについて、いったい何を知ってるだろう？　原産地はどこ？　材料をそろえて、調理して、きみの手元に届くのに、どれだけの労力がかかってる？

　それを知るには、ひとりで食事を準備してみることだ。いっぺんやってみれば、いつも食べてるパンひと切れがどれだけ価値のあるものか、みんなに語ってやることができるだろう。

　何日間か、自分の力で手に入れたものだけを食べてみよう。お母さんがパスタをつくってくれるありがたみが身に染みるだ

ろう。それがわかればこの革命は成功だ。

　大人の同志といっしょに郊外の畑（菜園）を探して、そこを耕している人に、手伝わせてくださいってお願いしよう。いろんな苦労を身をもって体験しよう。くわで土を掘りおこす、水をやる、種をまく、世話をする、収穫する。そして、自分で収穫した野菜を売ってもらって、家に持って帰って食べよう。同じように、チーズ、卵、牛乳なんかもゲットしよう。こんどは牧場に行かないといけない。動物といっしょに働けるエデュケーショナルファーム（農業、教育、環境づくりを同時に実践しているところ）があれば最高だ。ヤギや牛の乳しぼりのやり方も学ぼう。卵を手に入れるには、ニワトリの世話をさせてってお願いしよう。

　魚や肉を手に入れるのは、かなりたいへんだぞ。まずは魚釣りをしてみよう。たとえば海にはアジやイワシが、川にはハゼが、湖にはマスが泳いでる。自分で釣った魚を、親に教わりながら、清潔に調理して食べよう。おなかを壊さないために大事な作業だ。

　牛や豚のステーキを焼いてみろとまでは言わないでおこうか。でも牧場に行けば、柵に入れられた豚などの動物を見ることはできる。動物がどんなふうに活動してるのか、エサはどうやって食べてるのか、観察しよう。ぼくらがカツレツやサラミのパニーノを食べられるのは、人なつっこくてかわいい目をしたかれらの犠牲があってこそなんだ。だから敬虔なキリスト教徒は、いまでも食べるまえに「食前の祈り」を捧げている。

　この革命を終えたあと、きっときみは、浪費とゴミを憎むようになるだろう。

125

革命は成しとげられた！

今週、きみが自分で調達して食べたものと、どうやってそれを手に入れたかを書こう。

曜日	食べもの	調達方法

★革命ポイント

屈服しない …… ★★★★★
地球を守る …… ★★☆☆☆
他人を助ける … ★☆☆☆☆
欲ばらない …… ★★★★☆
好奇心をもつ … ★★★☆☆

準備期間
時間がかかる

持続時間
1回

 この本を読んでみよう

『ボーイズ・ドリーム――世界記録をつくろう』
（アレックス・シアラー）

もっといいものにリサイクルしよう

　家にはなんてたくさんのいらないものがあるんだろう。ビン、缶、ダンボール、服、新聞、CD、そのほか、何かの容器だったすべてのもの。ぼくらは買ったものの半分は捨てて、また別のものを買う。どうせいつかは捨てるのに！　そんな感じで、ゴミ袋、ゴミ捨て場、ゴミ処理場は大きくなりつづけてる。だけど、ぼくらが捨ててるゴミの山は、おもちゃや手工芸品、まだまだ使えるいろいろなものが埋まった宝の山でもあるんだ。さあ、宝探しをはじめよう！
　想像力、発想力、手仕事。この3つで「化粧」をしさえすれ

ば、すべてのものは役に立って、美しくて、おもしろいものに生まれ変わる。

いくらボロボロなものでも、しばらく眺めていれば、きっと新しい使い道が思いうかんでくるだろう。少し手を加えれば違うかたちにできるし、新しい色を塗って生まれ変わらせたり、違う素材をくっつけて、まったく違う使い方をさせたりだってできる。たとえばふたつの古い鍵にも、新しい命を吹きこむことができる。色を塗ってチェーンに吊るして、コースターにくっつければ、ステキな風鈴かカッコいいドリームキャッチャーに早変わりだ。

ツナやホールトマトの空き缶、コーヒーやジャムの空きビンなんかは、そのままでもペン立てに使えるし、穴あきランタンやキャンドルホルダーにすれば、ガーデンパーティーを美しく彩ってくれるぞ。ペットボトルは何度もつめかえて使えるし、画びょうやクリップを入れるのにも役に立つ。使い方はなんでもアリだ。

もう着ない古着は、めちゃくちゃいろいろな使い道がある。古いセーターの袖の部分は、切りとってレッグウォーマーにしたり、小型犬の服にもできる。体の部分は、冬用手袋にしたり、バッグや枕カバーにしてもいい。

ピザの箱は、思いもよらない変貌を遂げるぞ。パソコンバッグ、壁時計の台紙、おはじきサッカーのフィールドなんかだ（コマにはワイ

ンのコルクを使おう)。

　楽しんでやってみよう。家のなかにあるゴミを、みんなが使えるものに変化させる。さっきまで捨てようとしていたものから、世界は変わるんだ。

★ 革命の火を絶やすな!

　服をリサイクルするいちばん昔ながらの方法は、とってもシンプル。もういちど着てみるんだ。お兄ちゃんやお姉ちゃんがもう着れなくなったセーターやズボンのお下がりをもらって着てみよう。革命47でやってるようなことだ。または革命40でオススメしてるように、古着を集めてる慈善団体に寄付しよう。

 革命は成しとげられた!

きみが捨てたかったものと、それが何に変わったか、リストに書きだそう。

もの	何に変わった?

129

★ 革命ポイント

屈服しない …… ★★★★★
地球を守る …… ★★★★★
他人を助ける … ★☆☆☆☆
欲ばらない …… ★★★★★
好奇心をもつ … ★☆☆☆☆

準備期間
時間がかかる

持続時間
習慣になるまで

 この本を読んでみよう

『風をつかまえた少年——14歳だったぼくはたったひとりで風力発電をつくった』
(ウィリアム・カムクワンバ、ブライアン・ミーラー)

1週間、80年代のように暮らそう

　信じられないかもしれないけど、きみのおじいちゃんやおばあちゃんや親戚のおじさんおばさんは、かつてインターネットもテレビも使わずに楽しい人生を送っていた。きみにはできるかな？　これはかなりスリリングな体験だぞ。テレビもインターネットも、電話もスマホも手放すんだ！

　心の準備ができたら、携帯電話にスマホ、ゲーム機もDVDプレイヤーも使わずに、1週間過ごしてみよう。もしだれかに連絡をとりたくなったら、固定電話を使うんだ。そんなの悪夢だ？　宿題のあと、いったい何をしたらいいんだって？　山ほどあるじゃないか！　図書館に行ってみよう。散歩やサイクリ

ングをしてみよう。カヌー遊びをしたり、本やマンガを読んだり、ボードゲームをしたりしよう。たんに友だちと町をぶらぶらしたっていい。午後の時間を有意義に使う方法はいくらでもある。

音楽を聞くのもいい（ただし、音楽アプリや配信サービスで聞けるものじゃなくて、CDやラジオから流れてくる音楽にするんだ）。いたずら電話をしてみる？（固定電話を使おう。）家族と庭でティーパーティー、友だちを集めてボール遊びなんてのも悪くないよね。

 革命は成しとげられた！

どうやって1週間を乗りきった？　1日ごとに、何をして過ごしたかを書きだそう

曜日	何をした？
月	
火	
水	
木	
金	
土	
日	

★ 革命ポイント

屈服しない …… ★★★☆☆
地球を守る …… ★★★☆☆
他人を助ける … ★☆☆☆☆
欲ばらない …… ★★★★★
好奇心をもつ … ★★★☆☆

 この映画を観てみよう

『はじまりへの旅』(マット・ロス)

準備期間

そこそこ

持続時間

1回

車を使わずに移動しよう

　車はこの世界を息苦しくし、毎日、イヤなにおいをまき散らしてる。そこできみにはこの車社会を打倒すべく、みんなの模範となってもらおう。来週いっぱい、学校と家の往復には自転車を使うんだ。もちろん徒歩でもいい。ようするに、車に乗らなければいいんだ。もしきみがまだだいぶ小さかったり、学校が遠かったりするなら、公共交通機関を利用しよう。そんなときイタリアでは、子どもたちの徒歩での登下校に大人のボランティアが付き添うペディバスというサービスが使える（じっさいのバスのように、路線、停留所、時刻表などがある）。もし親に反対されてこの革命に挑むのが難しければ、いっしょに登下校する友だちに頼んで、その子の車に相乗りさせてもらおう。
　ひとりで学校に行っても安心な年齢なら、ぜひそうしてみる

べきだ。デンマークの研究では、学校に歩いてまたは自転車で行った子は、授業中の集中力が高く、4時間もつことがわかっている。

バスや路面電車で行くなら、景色を見ながらゆったり行こう。きみの学校が近くにあるか、アラスカに住んでるんじゃなければ、徒歩か自転車で行ってみよう。アラスカに住んでるなら、犬ぞりで。ヘルメットをかぶるのを忘れるんじゃないぞ！

★革命の火を絶やすな！

親の仕事の行き帰りも同じようにやってもらおう。または同僚と車をシェアしてもらおう。

 革命は成しとげられた！

この1週間、どうやって学校に行った？

曜日	方法
月	
火	
水	
木	
金	
土	
日	

★ 革命ポイント

- 屈服しない …… ★★★☆☆
- 地球を守る …… ★★★★☆
- 他人を助ける … ★☆☆☆☆
- 欲ばらない …… ★★★★★
- 好奇心をもつ … ★★★☆☆

 この映画を観てみよう

『スタンド・バイ・ミー』（ロブ・ライナー）

準備期間

そこそこ

持続時間

習慣になるまで

革命 37

違う性別っぽい行動を5つしよう

親やベビーシッターや幼稚園の先生、そのほか、ぼくらの世話をしてくれる人たちは、ぼくらが小さいころから男か女か知っていて、なんの悪気もなく、いろんなことを教えてくれていた。たとえば、男の子にはボールを、女の子には紙とえんぴつを与えてくれた……だけど、ちょっと待った！ 冗談じゃない。じつはこれはとんでもなくよけいなお世話で、みんなが気づかないうちにもってる、アンコンシャス・バイアス（無意識の偏見）って呼ばれるものだ。

アンコンシャス・バイアスとは、何かに対してステレオタイ

137

プな決めつけを無意識にしてしまうことだ。ぼくらは、女の子はサッカーが好きじゃないし、男の子はお絵かきが好きじゃないと、かってに思ってる。男の子がサッカーをやること、女の子がお絵かきをすることが悪いと言ってるわけじゃない。問題は、いろんなことを経験せずに成長することで、好きかもしれないこと、得意かもしれないことに気づけないということだ。

　また、脳の機能に関する最近の研究では、小さいころからボール遊びをたくさんしていた子は（男の子も女の子も）、していなかった子よりも数学が得意だということがわかった。じゃあ、みんながボール遊びをしたらいいのか？　もちろんそれもあるけど、今回の革命では、もっといいことをやってみよう。

　違う性別の子がやりそうなことを5つ書きだそう。きみが男の子なら女の子の、女の子なら男の子のだ。

　この革命は、ひとりでやっても同志たちとやってもいい。だれかとやるなら、いっしょに何をやるか決めよう。ひとりでやる場合は、直感で決めよう。そのほうが自分のアンコンシャス・バイアスに気づきやすいからね。

　書けた？　そしたらやってみよう。5つぜんぶできたらたいしたものだ。1日にひとつはやろう。

　こんなに難しいものだったのかって？　考えが変わった？　変わったとしたら、どうやって？

革命は成しとげられた！

きみがやろうと決めたことを5つ書きだそう。

	行動	やってみてどうだった？
1		
2		
3		
4		
5		

★革命ポイント

屈服しない …… ★★★★★
地球を守る …… ★★☆☆☆
他人を助ける … ★★☆☆☆
欲ばらない …… ★★☆☆☆
好奇心をもつ … ★★★★★

準備期間

そこそこ

持続時間

1回

 この本を読んでみよう

『カラフルなぼくら──6人のティーンが語る、
　ＬＧＢＴの心と体の遍歴』（スーザン・クークリン）

革命 38

昔の遊びのオリンピックを開催しよう

　遊ぶためにはゲーム機や高速Wi-Fiが必要だなんて、だれが言った？　そんなものがなくても楽しめる遊びは、昔からたくさんある。あまり人のいない公園か広場（学校の校庭でもいい）に友だちを集めて、忘れさられた遊びのオリンピックを開催しよう！

　モッラ（古代エジプト発祥の指の数当てゲーム）、リッパ（地中海西部からインドで昔から遊ばれてる人気ゲーム）、ルッツォラ（木製の車輪を投げるゲーム）、コマ回し、竹馬レース、サックレース（袋に足を入れて競うレース）、旗とり（2チームに分かれて、審判が持つ旗をとりあうゲーム）……。ほかにもいろいろある。たとえば、ケイドロ、色鬼……、聞いたことある？　道具もほとんどいら

ないものばかりだ。リッパは、両端をとがらせた木の枝さえあればいい。プレイヤーは、棒でその枝の片方の端をたたいて枝をはね上げ、それを野球のようにもういちど打って、できるだけ遠くに飛ばす。気をつけないとちょっと危ないぞ！　インターネットで「外遊び」や「集団遊び」って検索すれば、ほかにもいろいろな遊びが見つかるはずだ。または、おじいちゃんかおばあちゃん、革命9でできた年上の友だちに教えてもらおう。

　競技を決めたら、仲間を集めて、きみたちだけのオリンピックを開催しよう。持ちまわりで審判を決めて、得点を記録する。みんながプレイして、みんなが参加しないといけない。もちろん、ジャッジは公正におこなうこと。

　朝にはじめて、日が暮れるまえに終わろう。その競技で1番をとったら5点、2番は3点、3番は1点だ。大会の終わりに得点を計算して、最多得点をとった子がみごと、「忘れさられた遊びオリンピック」の金メダリストだ！　次回大会で記録を塗りかえるのはだれだ？

革命は成しとげられた!

きみたちがオリンピックでプレイした遊びを書こう。それぞれの競技で金、銀、銅メダルを獲得した友だちの名前を書こう。

遊び	金メダル	銀メダル	銅メダル

★革命ポイント

屈服しない …… ★★★☆☆
地球を守る …… ★☆☆☆☆
他人を助ける … ★☆☆☆☆
欲ばらない …… ★★★★★
好奇心をもつ … ★★★★★

準備期間
そこそこ

持続時間
1回

 この本を読んでみよう

『遊び図鑑──いつでも どこでも だれとでも』
(奥成達、ながたはるみ)

身のまわりの動物を助けよう

　助けを必要としてる動物はたくさんいる。絶滅の危機にある動物はもちろんだけど、きみの身近にいる動物だってそうだ。気をつけていないと、かれらの存在には気づかないし、かれらのほうも、いつもかわいくてなついてくるわけじゃない。だからってかれらに手を差しのべないんじゃ、革命家として失格だ。

　冬が来ると、多くの動物は困難に直面する。たとえば鳥だ。かれらがエサを見つけるのを手伝ってやろう。トウモロコシやヒマワリの種、お菓子のかけら、オートミールなんかがいいね。パンくずもいいけど、あまり栄養はない。お皿やコップ、ペットボトルでエサ入れをつくって、毎日、庭かベランダの同じ場所に置いておく。「野鳥　エサやり」なんかでインターネットで検索すれば、役に立つ情報がいっぱい出てくるぞ。

もっとかれらのために何かをしたければ、動物愛護団体や自治体が運営している、犬や猫の保護施設を見つけよう。どこの町でも見つかるはずだ。インターネットで住所を探して、連絡してみよう。そこを訪ねて、ボランティアで寝床を掃除したり、食べものをあげたりしたいと申し出る。迷い犬がいたら、連れていってあげよう。一生懸命、手と足を動かすこと。これを１か月やってみる。きみが動物好きならすばらしい経験になるし、あまり動物が得意じゃないなら、きっと好きになるはずだ。

 革命は成しとげられた！

きみのところへエサを食べにきた鳥の名前を、インターネットで調べよう（日本野鳥の会のサイト「野鳥図鑑」など——訳注）。撮った写真を貼って、名前も書いておこう。

★ 革命ポイント

屈服(くっぷく)しない …… ★★★★★
地球を守る …… ★★★★★
他人を助ける … ★★★★★
欲(よく)ばらない …… ★★★★★
好奇心(こうきしん)をもつ … ★★★★★

この本を読んでみよう

『タイガー・ボーイ』(ミタリ・パーキンス)

準備期間(じゅんびきかん)

そこそこ

持続時間(じぞくじかん)

1回

革命 40

チャリティー活動をしよう

　チャリティー活動っていうのは、会ったこともないどこかのだれかのために、募金箱にお金を入れることだけを意味するんじゃない。ほんとうの意味でのチャリティー活動っていうのは、自分の自由な時間や何かを、時間のない人や何かを持ってない人に与えることなんだ。

　こうしてみよう。きみがいらないものをだれかにあげるんだ。小さいときに使ってたおもちゃや着てた服を、押し入れやタンスのなかでカビさせるのはもったいない。きっといつかもういちど使えるんだから。保存状態がよかったのなら、なおさら捨てちゃいけない。それを必要としてるだれかがきっといるはずだ。きれいにして梱包して、古着やおもちゃを集めてる慈善団体を探して持っていこう。だれかにとって必要じゃないもの

でも、必要としている人には最高の贈りものになるし、だれかの役に立ったっていう事実はきみの心を満たしてくれる。世界をちょっとだけよい場所にできるんじゃないかな。

★ 革命の火を絶やすな！

　食事に困っている人たちへの炊き出しをやっている支援団体や教会を探して、食事の準備を手伝いにいってみよう。

★革命ポイント

屈服しない …… ★☆☆☆☆
地球を守る …… ★★★★☆
他人を助ける … ★★★★★
欲ばらない …… ★★★★★
好奇心をもつ … ★☆☆☆☆

準備期間

時間がかかる

持続時間

1回

 この本を読んでみよう

『ぼくの見つけた絶対値』(キャスリン・アースキン)

自分の学校をつくり変えよう

　きみの学校はちょっと殺風景だよね。なんでわかるのかって？　ぼくの学校もそうだったから。いまこそ変革のときだ。もちろんひとりじゃ無理だ。同志たちの助けがいる。

　まずしないといけないのは、現状をよく知ること。窓からすきま風がビュービュー入ってくる？　冬には暖房を2倍きかせないといけない感じかな。壁や天井はまだだいじょうぶ？　それとも目も当てられないくらいひどい状態？　教室から教室へくまなく移動して、中も外も、その状態を正しくレポートしよう。紙に書いて、みんなが読めるように入り口に貼りだそう。何かが改善したら、レポートも更新しよう。

　この目的は、ただ不平を言ったり、ムダに批判をしたりする

ことじゃない。問題を明るみに出して、みんなに考えてもらって、公正でエコな視点で解決の糸口を見つけることだ。

　やってみると、大小さまざまな問題が見つかるだろう。大きな問題を解決するためには、たぶんきみたちだけじゃ手に負えない。大人を巻きこもう。小さな問題なら話しあってみる。「ぼくらにできることはなんだろう？」って。たとえば、校舎が殺風景で陰気な感じだったら、明るくなるように、美術の先生も巻きこんでステキなデザインを考えよう。

　学校の空気はどんな感じ？ ホコリっぽい？　いや、そういうことじゃなくて、雰囲気はどう？　友だちとの人間関係はうまくいってる？　なんだって、弱い子を標的にするいじめっ子がいる？　口下手でだれとも話をしない子がいる？　きみたちの出番だ。内気な子ともっとよく話して、革命団の一味に入れてやろう。いじめっ子の攻撃からきみ自身と友だちをしっかり守ろう。これは最高の革命になるぞ。誇りをもとう！

革命は成しとげられた！

きみときみの一味が解決しようとした問題は何？　その解決方法は？

★革命ポイント

屈服しない …… ★★★☆☆
地球を守る …… ★★★★☆
他人を助ける … ★★★★☆
欲ばらない …… ★★☆☆☆
好奇心をもつ … ★★★★★

準備期間

時間がかかる

持続時間

1回

 この本を読んでみよう

『イクバルの闘い──世界一勇気ある少年』
（フランチェスコ・ダダモ）

革命 42

世界の料理でディナーをつくろう

　毎日同じものを食べなくちゃいけないなんて、だれが決めた？　きみの町には、きっとさまざまなところで生まれた人たちが暮らしているはずだ。中国人、韓国人、アメリカ人、ベトナム人、ブラジル人、インドネシア人、インド人、ロシア人、フランス人、そのほかいろんな人たち。かれらの国の料理を食べたことある？　ないって？　だったら食べてみなきゃ。ただし、自分の手でつくってだ！

　今回の革命は、きみの町や学校にあるさまざまな料理を出会わせてあげることだ。きみも料理をひと皿用意する。親にきみの好きな料理をつくってってお願いして、いっしょにつくろう。そうすれば、つくり方を覚えることができる。

「外国の料理を持ってきて」って同志に伝えて、家に呼ぼう。みんなで3品も集まればじゅうぶんだ（おっと、デザートは別腹だ！）。食卓を囲んで、料理をとりわけよう。うまくいったら、こんどはレシピを変えてやってみよう。

もっと大がかりにやりたいなら、一味のみんなも集めて、先生に頼んで学校の食堂を貸してもらおう。クラスや近所に、気になる国の人がいたら、どんな料理があるか聞いて、そのつくり方も教えてもらおう。食べる料理のリストができたら、招待客に配ろう。すべての料理を全員ぶん用意する必要はないけど、少しずつ味見できるようにしよう。

大事なのは、それぞれの料理がちゃんと名前があるもので、だれかが材料とつくり方を説明できないといけないってことだ。また、その料理にまつわる特別なエピソードや（「日食のときにおばあちゃんがかならずつくってくれたんだ」）、おとぎ話や（「このプリンは白雪姫みたいにおいしいぞ！」とオオカミが言った）、古い伝説が（「バニラの木を発見したのは子どもなんだよ」）あるかもしれない。

みんなで写真を撮って共有しよう。きっとすごくいっぱいになるぞ！

革命は成しとげられた！

おいしかった料理トップ5を書こう。

	料理の名前	おもな材料	どこの料理？
1			
2			
3			
4			
5			

★ 革命ポイント

屈服しない …… ★☆☆☆☆
地球を守る …… ★★★★★
他人を助ける … ★☆☆☆☆
欲ばらない …… ★★★☆☆
好奇心をもつ … ★★★★☆

準備期間

時間がかかる

持続時間

1回

 この本を読んでみよう

『世界食べものマップ』
（ジュリア・マレルバ、フェーベ・シッラーニ）

ミツバチを救おう

　ミツバチは地球の栄養の循環のためにもっとも重要な役割を果たしている。なのに、数が減ってきていて、このままでは絶滅してしまうって言う人もいる。もしほんとうなら、守ってやらなきゃいけない。だけど、いったいぼくらに何ができるんだろう？　じつは、ほんの少しのことで、たくさんのミツバチを助けることができる。ただしそのためには、正しいやり方を学ぶ必要がある。

　ミツバチは花粉を運ぶ昆虫だ。かれらが花から花へ飛びまわることで、植物は受粉して繁殖することができる。環境汚染やそのほかの要因で、かれらがいなくなるということは、もっと真剣に考えるべき大問題だ。ぼくらが食べる農作物が育たなくなってしまうんだから。世界の食べもののおよそ35％はミツ

バチの活動に依存しているという。世界の食料生産の90％を占める100種類の農作物のうち、71種類の受粉にミツバチがかかわっているってことだ。ミツバチがいなくなると、どれだけたいへんな問題が起こるか、理解するのはかんたんだ。

ミツバチを救うためにぼくらができるもっとも現実的な方法は、かれらが好きな植物を何かひとつ植えることだ。世界にはほんとうにたくさんの植物や花があって、かれらにとって格好の隠れ家や栄養になる。

ミツバチが好む花を調べて、庭やベランダや窓辺の植木鉢に植えてみよう。殺虫剤を使うのは避けて、大事に育てよう。すぐにミツバチが行ったり来たりしはじめるはず。花にもぐって蜜を集めて帰っていく！　きみが種を植えた場所は、やがてとってもカラフルになる。少しの行動が、自然を守ることにつながるんだ。

東京の銀座や赤坂など、都会にあるビルの屋上でミツバチを育てている人たちがいる。街路樹や公園、皇居などに咲いている花の蜜からハチミツをつくり、飲食店で提供する。ミツバチとともに暮らすことで、都会にいながら、自然とのつながりをとりもどす活動だ。

革命は成しとげられた！

きみが育てた植物の葉っぱや花びらを貼りつけて、名前と植えた日付を書こう。

★革命ポイント

屈服しない …… ★☆☆☆☆
地球を守る …… ★★★★★
他人を助ける … ★★★★★
欲ばらない …… ★☆☆☆☆
好奇心をもつ … ★★★☆☆

準備期間
そこそこ

持続時間
習慣になるまで

 この本を読んでみよう

『ダーウィンと出会った夏』（ジャクリーン・ケリー）

紙を再利用しよう

　ぼくらはいつも大量の紙をムダ使いしてる。まだ使える紙を投げ捨ててる。紙はぜんぶ木からできてるっていうのに、なんて罪深いことだろう。きちんと分別収集すれば、紙はリサイクルすることができる。もし革命26をすでに成しとげたなら、分別収集のやり方はわかってるね。革命家なら、まだ使える紙は捨てずに、想像力を使ってリサイクルしてやろう！

　毎年、何千トンもの紙が捨てられている。本は廃棄され、雑誌は道端に放置され、新聞はつぎの日にはゴミになる。ノートや手帳は真っ白なページがまだいっぱい残ったままだ。

1000キロの新聞をリサイクルすることは、15本の木を救い、紙をつくるのに必要な3万1780リットルの水を節約することにつながる。少なくはない量だ。やってみる価値があるぞ。

　革命の第一歩は、使い古しのノートを見直すことからだ。家にある古いノートを探して、真っ白なページを破ってひとつにまとめれば、新しいノートにつくり変えることができる。ホチキスでとめるかのりづけしよう。どちらかがきれいなら片面だけでも使えるぞ。革命家のノートをつくるのにちょうどいい。

　しおりをつくることもできる。何かが書かれた部分は切って、固くするために何重かに折ってのりづけして、最後に好きな絵を描いたらできあがりだ。

　慣れてきたら、こんなものもオススメだ。

バッグ：新聞紙を1枚用意して、古いカバンに貼りつけよう。さらに上から透明のビニールをかぶせてくっつける。濡れてもだいじょうぶなように。別の紙でちょうどいい太さと長さのひもをつくってくっつけて、

ショルダーベルトにしよう。はがれないようにしっかりのりづけして、最後に色を塗ろう。

何かの入れもの：たとえば、キッチンペーパーかトイレットペーパーの芯の穴を厚紙でふさいで、きみだけのペンケースをつくろう。片側は開けられるようにしておかないと、中身がとり出せないぞ。

フォトフレーム：味気ないフォトフレームだって、上から新聞紙か厚紙を貼って、好きにデザインすれば、オリジナルフォトフレームの完成だ。

猫のおもちゃ：紙を細長く切って、ひもで棒の先にくくりつけたら、猫をからかうちょうどいいグッズになるぞ。

影絵：もしやる気と技術があれば、ダンボールか厚紙で人や動物のかたちをつくって、長い棒の先にくっつけて、影絵のための人形をつくろう。ライトの

前でそれを動かして、部屋の壁に影を映すんだ。

ほかにもたとえば、飛行機をいっぱいつくって飛行部隊を編成するとか、おもしろいアイデアはいっぱい出てくるぞ。すべてはきみと同志たちの想像力しだいだ。遊び心を忘れるな。何をつくったっていいんだから！

革命は成しとげられた！

家にあった紙をどうやって何につくり変えた？

1	
2	
3	
4	
5	

★革命ポイント

屈服しない …… ★★★☆☆
地球を守る …… ★★★★★
他人を助ける … ★☆☆☆☆
欲ばらない …… ★★★★☆
好奇心をもつ … ★★☆☆☆

準備期間

そこそこ

持続時間

習慣になるまで

 この本を読んでみよう

『紙つなげ！ 彼らが本の紙を造っている――再生・日本製紙石巻工場』（佐々涼子）

革命 45

よいニュースだけを拡散しよう

　ネガティブなことを考えてると、不幸やトラブルがまわりに寄ってくるってよくいわれる。逆に言うと、ポジティブなことを考えていれば、いいことばかりが集まってくるというわけだ。これはやってみれば実感できる。新聞やテレビなどのメディアは、イヤなニュースを報道することにご執心だ。それは市場の原理で、人は幸せなニュースが載っている新聞より、恐ろしい事件が載っている新聞のほうをよく買うものだから。そんな現状を変えてやろう。たっぷり1週間はかけて、いいニュースを集めまくってやるんだ！

　今回の革命には、新聞、はさみ、のり、えんぴつが役に立つ。

　まずは毎日、少なくとも新聞に目を通そう。家になかったら、

町の図書館に行けば置いてるぞ。最初から最後までざっと読んで、いいニュースを見つけよう。たとえば、どこかの男の子が海をきれいにする機械を発明したとか。いいね！　それはいいニュースだよね。新聞を読んで探すのはグーグルで検索するようにはいかないし、そもそも何を探してるのかを正確に把握してないと難しい。きみの応援してるチームが試合に勝った？それはべつにいいニュースじゃない。だって、きみにとってはいいニュースかもしれないけど、対戦相手を応援してたファンにとってはバッドニュースだろう？　いいニュースっていうのは、だれにとってもいいニュースでないといけないんだ。だれかが不治の病から回復したとか、難破船から人が救助されたとか、行方不明者が発見された、さびれた土地がにぎわいをとりもどした……。いいニュースはきっとある。探してみよう！

　見つかった？　その新聞がきみのなら、切りぬいてその上に日付を書いておこう。だれかのならコピーしよう。1週間集めてみて、いちばんよかったニュースの記事を、この本のつぎのページに貼ろう。ほかの記事も捨てずにはさんでおくこと。何かうまくいかないことがあって落ちこんだとき、読みかえしてみるんだ。

★ 革命の火を絶やすな！

　こんどは1か月、いいニュースを集めつづけてみよう。日付と新聞の名前、記事の見出しと内容も記録する。1か月たったら、いっぱい集まってるはずだ。落ちこんでる人や不安で頭がいっぱいになってる人に聞かせてやろう。きみがポジティブ思考の流れを生みだすんだ！

革命は成しとげられた！

いちばんよかったニュースを貼りつけよう。

★ 革命ポイント

屈服しない …… ★★★★★
地球を守る …… ★★★★★
他人を助ける … ★★★★★
欲ばらない …… ★★★★★
好奇心をもつ … ★★★★★

準備期間

時間がかかる

持続時間

1週間

 この本を読んでみよう

『心がぽかぽかするニュース』（日本新聞協会）

1週間、ベジタリアンになろう

　世界中の動物たちが呼吸をしている。それだけ酸素が、つまり森や植物が必要だということだ。だから、ぼくらが食べるカツレツやハムをつくるために、劣悪な環境で扱われる動物をむやみに育てようとするのは、ちょっとまちがってると言わざるをえないだろう。もうわかったね？　いまこそ、ベジタリアンになるときだ。

　心配するな。なにも永遠に食習慣を変えろって言ってるんじゃない。お母さんにミートソースのパスタをつくってもらってもいいし、お父さんとサラミのパニーノを食べてもいい。ただし、1週間の革命が終わればだ。ぼくらがきみにお願いしたいのは、まず気づくこと、理解すること。情け容赦なく動物を苦しめ、魚が生きる海の環境を壊しながら肉や魚を消費しつづけるのは限界だって発見することだ。じっさい、肉を食べすぎる

と何もいいことはない。

　だいじょうぶ、そんなに難しいことじゃない。食べものに関して言えば、ぼくらはとても豊かな土地に住んでいる。生まれ育った土地の料理は世界一のごちそうなんだ。肉

と肉製品（サラミ、鶏肉、カツレツ、コンソメスープの素なんかも！）、魚と魚製品（白身魚のフライ、ツナ、シタビラメとか、その他いろいろ）を避けてメニューを考えよう。心配はいらない。肉や魚がなくても、栄養たっぷりのおいしい料理はいくらでもできるぞ。

　何が残った？　牛乳、チーズ、パスタ（今日はトマトソース、明日はセージとバター、あさってはジェノベーゼ、しあさってはペペロンチーノ……）、お米、きのこ、なによりもくだものに野菜だ！菜食主義でいこう。肉を食べなくてもたんぱく質は摂取できる。欧米の学校で、給食メニューに１週間のベジタリアン週間を設定してるところがあるのは意味があるんだ。場合によっては、

学校にこの革命を提案することもできる。同志たちの助けも借りて、家や学校で話しあってみよう。「おまえもベジタリアンかよ？　ミーハーなやつだな！」——だれかにこんなふうに言われても、気にすることはない。菜食主義は流行なんかじゃなく

166

て、毎日の小さなことから世界を変えるにはどうしたらいいかを探るひとつの方法なんだ。

 革命は成しとげられた！

きみの菜食週間の献立表を書こう。気をつけて！　たんぱく質も必要だ。1食に3品以上は食べること。

曜日	昼食	夕食
月		
火		
水		
木		
金		
土		
日		

★ 革命ポイント

屈服しない …… ★★★★☆
地球を守る …… ★★★★☆
他人を助ける … ★★★★☆
欲ばらない …… ★★★★☆
好奇心をもつ … ★★★★☆

準備期間

時間がかかる

持続時間

1週間

 この本を読んでみよう

『チポリーノの冒険』（ジャンニ・ロダーリ）

1か月、新しいものを買わずに生きてみよう

　街角のショーウィンドウは、いつも新しくてステキなものであふれていて、キラキラ輝いてる。それらはなんて魅力的で、なんて高いんだろう！　この大量消費社会に歯止めをかけるために、ぼくらは何もできないのかな？　もちろんできる。

　ルールはこうだ。30日間、新しいものは何も買わない。「中古品」を買うのはアリだ。だれかの食べのこしは困るけど、本やゲームソフトや服なら問題はない。じゅうぶん楽しめるし、節約にもなる。さあ、お宝をとりもどしにいこう！

　散歩がてら古本を買いにいってみよう。大きな町へ行けば古本屋があるし、たった100円しかしない本もいっぱいある。

気をつけて探せば、メチャクチャ安い値段で掘り出しものをゲットすることも可能だ。

　大手の古本屋チェーン店に行けば、たいてい中古ゲームコーナーがあるし、ネットオークションやフリマアプリでも見つかるぞ。

　古着はどうだろう。いい古着を手に入れるには、きみの、または友だちのお兄ちゃんお姉ちゃんのお下がりをもらうのが、いちばんいい方法だ。親に頼んで、友だちの家のいらない服を交換してもらおう。いい感じの古着をゲットしてくれる可能性がぐんとアップするぞ。もちろん、ガレージセールやフリーマーケットなんかもいっぱいあるから、注意して探してれば、一発で見つけることができるだろう。

　こうやって、1か月何も新しいものを買わずに過ごして、友だちにもきみがこの革命に挑んでることを教えてやろう。きっとみんなもやりたくなるはずだ。

革命は成しとげられた！

この1か月で手に入れた戦利品を書きだそう。

	何を手に入れた？	どこで？	いくらで？
1			
2			
3			
4			
5			

★革命ポイント

屈服しない …… ★★★★☆
地球を守る …… ★★★★☆
他人を助ける … ★★★★☆
欲ばらない …… ★★★★★
好奇心をもつ … ★★★☆☆

準備期間

そこそこ

持続時間

1か月

 ### この映画を観てみよう

『キャスト・アウェイ』（ロバート・ゼメキス）

革命48

男女どちらとも平等に遊ぼう

　自然はぼくら人間を、みんな同じように、だけどみんな違ってつくりだした。これはすばらしいことだ。でも、革命37ですでに学んだように、世間はぼくらがまだ小さいときから、型にはまった生き方を強要する傾向にある。男の子は恐竜のおもちゃで遊び、女の子はままごとをするべきだってね。そんなの完全にまちがってる。ぼくらはみんな、自分の心に忠実に生きるべきなんだ（例をひとつ挙げれば、イギリスでもっとも重要な化石の発見は、12歳の女の子によってなされた。彼女の名前はメアリー・アニング）。

　きみの一味はどういう構成？　男の子ばっかり、または女の

子ばっかり? そりゃよくないね。だって、この世界には男も女もいるんだから。いっしょのほうがきっとみんなのためになる。そう、今回の革命のターゲットは、きみの一味だ。

男の子ばっかりの集団は、成長するにしたがって、汗くさくなったり、汚いことばづかいをしたり、知性に欠けた行動をとったりするようになる。ぼくだって……いや、くわしく言うのはやめておこう。思い出すのもはずかしいからね! 逆に女の子ばっかりの集団は、徹底的に排他的だ。ぼくらの娘たちを見ていても、自分たちのグループ以外の人たちの意見は、たとえいいことでも、完全に排除する傾向にあると言わざるをえない。

いずれにしても、グループをごちゃまぜにして、開かれた場所で向きあおう。

 革命は成しとげられた!

とくに仲のいい友だちの名前を書いて、もっとほかに男の子や女の子がいないか探してみよう。

★革命ポイント

屈服しない …… ★★★★☆
地球を守る …… ★★★☆☆
他人を助ける … ★★★☆☆
欲ばらない …… ★★☆☆☆
好奇心をもつ … ★★★★☆

準備期間

時間がかかる

持続時間

習慣になるまで

 この本を読んでみよう

『その魔球に、まだ名はない』（エレン・クレイジス）

宇宙人の目で世界を見よう

　これは、ファンタジーにあふれた革命だ。ゲーム以上にゲームみたいで、ふだんとはまったく違った視点から物事を見ることを可能にする。まちがって地球に不時着してしまった宇宙人になったつもりで行動してみよう。自分のまわりにあるものをすべて、好奇心いっぱいで観察するんだ。

　たとえば、家族を観察してみる。かれらの行動を、あたりまえだなんて思わずに、違う角度から見てみよう。なぜそうしていたのか、理解できるようになるはずだ。ひとつがわかれば、ほかのことも数珠つなぎにわかるようになるだろう。

　人がどういう順番で、どのように体を動かしているのかを見るのもおもしろい。たとえば、ぼくらは歩くとき、かかとをま

ず地面に下ろしてから、つま先を地面につける。そのほうが安全だからだ。まず足の安定した部分に体重をのせ、そのあとで、曲げやすく、いろいろな方向に向けることができるつま先に移動させる。そうすることで、地面のかたちにあわせて体勢をコントロールできるし、足の下に障害物があっても、転ばないように時間をかけて姿勢を整えることができるんだ。

「覚えたことをすべて忘れるのも大切じゃ」。これは『スター・ウォーズ』のなかでマスター・ヨーダがルーク・スカイウォーカーに言ったことばだ。きみもルークを見習ってやってみよう。お兄ちゃんが食卓にお皿や食器を並べてたら、そういうふうに並べる理由を考えてみる。お母さんがテレビのチャンネルを変えたら、リモコンが動く原理を調べてみる。

同志にも手伝ってもらおう。たとえば、お父さんがパニーノをつくっている一部始終を動画に撮って、1つひとつの動きの理由を同志に説明していくんだ。「なぜそこでこうして、ここではこうしなかったのか」って質問してもらおう。ぜんぶ回答できたら、世界を新しい目で見ることができるようになった証拠だ。これは、すべての革命家に必要な能力を鍛えるのに役に立つ。表面的な理解にとどまらず、つねに目に映ることに疑問をもち、身のまわりで起きていることについて考える能力だ。

はじめて人工衛星が地球のカラー写真を撮影したのは1967年。たった50年ほどまえのことだ。このときから人類は地球全体のことを考えるようになり、長い議論の末、すべての国連加盟国が一致して、2015年に「持続可能な開発目標（188ページ参照）」が定められることになった。

革命は成しとげられた！

家にある5つのものを選んで、名前の由来を説明してみよう。（たとえば「つくえ」は、昔から板を4つの枝で支えてつくられていた。「突き枝」から「つくえ」になったんだ！）

	もの	説明
1		
2		
3		
4		
5		

★革命ポイント

屈服しない …… ★★★★★
地球を守る …… ★★★★★
他人を助ける … ★★★★★
欲ばらない …… ★★★★★
好奇心をもつ … ★★★★★

準備期間

そこそこ

持続時間

1回

 この映画を観てみよう

『E.T.』（スティーヴン・スピルバーグ）

革命 50

最後の革命：
「イヤだ」と言わずにまる1日過ごそう

　ぼくらはしょっちゅう、やりたくないことに巻きこまれる。なぜなら、きらわれたくないという気持ちから「イヤだ」と言えないからだ。何かを拒否すれば相手をイヤな気持ちにさせるし、乱暴な印象を相手に与えてしまう——と、思われている。でも問題は「いいよ」と言うか「イヤだ」と言うかじゃなくて、よく考えずに、盲目的にそう言ってることなんだ。

　さて、最後の革命では、「イヤだ」と言わずにまる1日過ごしてみよう。これをやりとげたなら、「いいよ」も、「イヤだ」も、心から笑顔で言えるようになってることを約束する。もしきみがいつも「イヤだ」って言うのが口癖になってるなら、これは

大いなる挑戦になるぞ。

「イヤだ」と言うことは、拒絶やワガママを意味するだけじゃない。自分の意志や立場を主張したり、権利を守ったりすることでもある。「いいよ」と「イヤだ」がもってる力をほんとうに理解するために、まる1日、「イヤだ」を生活から排除してみるんだ。そしたらどうなる？　確かめてみよう！

　起きてから寝るまで、ぜったいに「イヤだ」と言っちゃいけない。たとえば紙に「イヤだ」と書くのもNGだ。手、頭、そのほかあらゆる方法でも、「イヤだ」と言っちゃいけない。もちろんドイツ語で「ナイン！」（「イヤだ」っていう意味）っていうのもダメだ。学校にいるときも言わないこと。そうすれば、よりスリリングだからね！

　でも気をつけろ！　例外がある。もしイヤなやつがきみの挑戦を知って、きみを罠にかけて得をしてやろうといじわるな質問をしてきたら（「きみのお金をぜんぶくれるかい？」とか！）、そのときはこの革命を中止してもいい。そいつがいなくなったら再開しよう。

「イヤだ」と言えないことは、盲目的に「いいよ」と言っちゃうことと同じじゃない。面倒に巻きこまれないために、拒否するときは拒否して、やりたくないことはやらないように努力しよう。でも、そのほかのことについては受け入れないといけない。「がんばって数学のテストの勉強をしなさい」とか「おいしいブロッコリー料理、食べる？」なんて言われたら、選択の余地はない。

　さあ、幸運を祈る。この革命をやりとげたらすべて終わりだ。やるしかないぞ！

革命は成しとげられた！

きみが投げかけられた難しい質問を5つ書きだそう。

1	
2	
3	
4	
5	

★革命ポイント

屈服しない …… ★★★★★
地球を守る …… ★★★★★
他人を助ける … ★★★★★
欲ばらない …… ★★★★★
好奇心をもつ … ★★★★★

準備期間

そこそこ

持続時間

1回

 この本を読んでみよう

『テオの「ありがとう」ノート』
（クロディーヌ・ル・グイック＝プリエト）

きみはどんな革命家？

　きみがこのページを読んでいるということは、もうこの本は使いこんでボロボロになっていることだろう。かすれて読めなくなった文字の1つひとつが、きみの行動をとおしてどこかで何かに変わっているだろう。きみは小さな革命を起こすことを学んだ（結果、ぜんぜん小さくないんだけどね）。すばらしい功績を上げたものも、そうでもなかったものもあっただろう。きみはときにはひとりで、ときにはだれかといっしょに行動した。結果はふるわなかったり、やりすぎたり、ほとんど目に見えなかったりした。場合によっては逆に悪くなったかもしれない。でもそれは、ものごとをよくしようとすれば、避けては通れない道だ。腹が立つこともあっただろう。たくさんの理不尽なことに直面したり、だれひとりきみに手を貸してくれなかったりもしただろうから。それも宿命だ。いずれにせよ、きみが知らなければいけないことはまだまだいくらでもある。だからここでこの本にエンドマークをつけるのは、まだちょっと早いような気がする。

　ものごとを変えることは、きみ自身にも変化が訪れるってことだ。きみはもう、ほかの人とは違うやり方で何かをすることができるし、だれかに同じように行動させることもできるってわかったはずだ。正しいとわかってるのに、行動しないなんて選択肢はない。だれもやらなくても、きみは率先してやることができる。孤独に打ちひしがれて、立ちあがれないときがあるかもしれない。でも、あきらめちゃダメだ。継続しよう。正しいやり方でもういちどはじめよう。羅針盤はいつもきみの手のなかにある。

　きみがやりとげた革命を確認して、それぞれでゲットした5種類の革命ポイントすべてをたし算しよう。できたら、つぎのページか

ら紹介してる実在の革命家たちのプロフィールと照らし合わせよう。自分と似たタイプの革命家はだれだろう？　この本から少しでも何かを感じてくれたなら、こんどはかれらからエネルギーをもらって革命を続けるんだ。

【屈服しない】ポイントがいちばん多かったら……

きみは大きくなったら**ローザ・パークス**みたいになるぞ！　彼女は1955年、バスに乗ってるとき、白人に席を譲れって言われて拒否し、逮捕されたんだ。そのときまで黒人は、白人がみんな座らないかぎりはバスで席に座
ることは禁止されていた。その夜から、彼女の町のすべての黒人コミュニティが、大規模なバス・ボイコット運動を開始した。これはアメリカにおける公民権運動の大きな推進力となった。

または、**ネルソン・マンデラ**みたいになる可能性もある。黒人として南アフリカ共和国初の大統領になった人で、アパルトヘイト（人種隔離政策）に反対したことで、27年間も獄中生活を送ったんだ。

【地球を守る】ポイントがいちばん多かったら……

きみは**レミ・パルエンティエ**のような、波乱万丈で冒険に満ちた人生を送るかもしれない。彼はグリーンピースの共同設立者のひとりだけど、そこから独立し、環境を守るための戦いを長年ひとりで続けたんだ。
または、**ヴァンダナ・シヴァ**の足跡をたどるかも。彼女はインド

でもっとも有名な環境活動家のひとりで、企業による種子と植物の独占を批判し、遺伝子操作技術をもつ多国籍企業に対して倫理的な問題を指摘しつづけてきた。その功績から、第2のノーベル賞と称されるライト・ライブリフッド賞を受賞したんだ。

【他人を助ける】ポイントがいちばん多かったら……

ジャン＝クリストフ・リュファンのように生きてみたらどうかな。彼は医師で小説家、セネガルとガンビアのフランス大使を務めてもいた。国境なき医師団の創設者のひとりで、その精神で多くのすばらしい本を書いている。

マリー・キュリーはどうだろう。150年前に生まれたポーランド人の化学者で、(真の革命家として)掘ったて小屋で研究をおこない、ふたつのノーベル賞を受賞している。軍や政府の上層部の意見に対抗し、開発したレントゲン設備をたずさえて第1次世界大戦の戦地におもむき、負傷者の治療に尽力した。

【欲ばらない】ポイントがいちばん多かったら……

きみは将来、ナオミ・クラインみたいになるだろう。『ブランドなんか、いらない』の著者として有名になった作家で、ロゴやブランドの異常な影響力を批判した。以降、彼女はさまざまな本、記事、ドキュメンタリーを

世に出すことで戦いを続けている。

セルジュ・ラトゥーシュのように生きるのも悪くない。フランスの経済学者で、大量消費社会の縮小に根ざした新しい生き方を最初に提案した人だ。ぼくらの冷蔵庫や貯蔵庫に届くまでに世界を飛びこえてこなくちゃならないものより、地元でつくられたものを好んだ。むしろ、世界を飛びこえるのはぼくらであるべきだ！

【好奇心をもつ】ポイントがいちばん多かったら……

きみは第2の**ネリー・ブライ**になれるかもしれない！ 調査ジャーナリストで、マンハッタンの精神病院に潜入取材して暴露記事を書き、問題の改善に貢献した。それだけでは飽きたらず、男性の向こうを張り、72日間で世界一周を成しとげた。フィリアス・フォッグよりも8日間短かった。

または**モーガン・スパーロック**だ。もっとも重要なドキュメンタリー監督で、映画『スーパーサイズ・ミー』でその地位を不動のものにした。ふだん、ハンバーガー、フライドチキン、ポテトフライ（だけだと思いこんでいるもの）にがっついてるぼくらが、どれだけ自分たちが食べているものについて無知かを知らしめた。

ゲットしたポイントが何点だったにせよ、きみはきっとこの革命を通じて、少なくともひとつのことを学んだはずだ。

　それは、けっして立ち止まってはいけないってこと。世界は何もせず座っていられるソファーじゃないし、ぼくらがかかえる問題を解決してくれるのは、テレビのリモコンやゲームのコントローラーじゃない。

　ぼくらはソファーでゴロゴロするのは好きだし、テレビもゲームで遊ぶのもキライじゃない。だけど、まったく知らない何かをやることも大好きなんだ。いままで見たことも聞いたこともないような何かをね。ぼくらをワクワクさせる何か。でも同時にへとへとになって、泥だらけになって、疑問や謎があとからあとからわいてくるような何か。

　それをやりとげたなら、きっと心から誇れるはずだ。だってそのときには、ぼくらの住むこの世界が、いままでよりちょっとだけよくなってるに決まってるんだから。

　いつかきみと、世界のどこかの街角で出会えることを。

　　　　　　　　ピエルドメニコとフェデリーコ

完璧な革命家のパスポート

ここにきみの
写真を貼ろう

暗号名

_____

革命団の名前

_____

革命をはじめた日

_____

▼ ぼく／わたしの身に何かあったらここに連絡してください

名前　　　　　　連絡先

_____

もっとも功績を上げた革命　　特技

_____　_____

モットー

_____

各革命で紹介している本や映画のなかには、イタリア版では日本語訳
のないものが紹介されていたため、日本の司書の方々にご協力いただ
いて、別のものにさしかえたものがあります。

日本版監修者あとがき

　この本に書かれている「革命」はけっして絵空事ではありません。2015年9月25日、国連サミットで「Transforming our world ── 私たちの世界を変革する」というタイトルの決議書がすべての国連加盟国の合意により採択されました。いまのままの世界では、気候変動、貧富の格差、テロや紛争の激化など大きな危機を乗りこえることができず、この地球をきみたちに、あるいはさらにそのさきの世代に引き継ぐことができない、という強い危機感があったからです。この決議の行動計画として2030年までの持続可能な開発目標「Sustainable Development Goals ＝ SDGs」が掲げられています。17個の目標と169個のターゲットからなる、このSDGsの達成に向けて世界中でアクションがはじまっています。

　SDGsはいわば、世界のあらゆる国が公認した「革命」の指南書のようなものかもしれません。SDGsの宣言文のなかに「子どもや若者は変化の重要な主体であり、（SDGsは）かれらがよりよい世界をつくるために無限の能力を発揮する土台となるだろう」と書かれています。さらに、国連のアントニオ・グテーレス事務総長は「若者は明日のリーダーではなく、今日のリーダーだ」と言っています。若者は教育を受け、経験を積んでからリーダーの資格を得るのではなく、すでにいまの世界を変えられない大人を引っぱっていく存在だと言うのです。もちろん大人の責任も重大です。ぼくは「子どもの発想とフットワーク」と「大人の経験とネットワーク」とをかけ合わせることで、この変革を加速することができると思っています。

　では「革命」はどのように起こしていけばよいのでしょうか。「しくみの改革」「科学技術やビジネスによる改革（イノベーション）」「意識改革」「生活改革」の4つに注目し、そのどの役を担うかを考え

てみてはどうでしょう。これらはみなさんの学びの方向にも関係するでしょう。法律を学びたい人は「しくみの改革」を担う人になれるかもしれません。科学が好きな人はイノベーションの担い手に、SNSやメディアで何かを伝えることに関心がある人や、将来教育の場で働きたいなぁと思っている人は「意識改革」の担い手になれるでしょう。食品ロスを減らすなどの「生活改革」ならば、小さな子どもでも、いくつもアイデアが出せるのではないでしょうか。この本には、ほかにも大切なことがいくつも書かれています。仲間を見つけること、他者への思いやりをもつこと、あたりまえと思っていることを疑いの目をもって見てみることなど。この本を4つの視点であらためて読みかえしてみるのもおもしろいと思います。

　いま、2019年暮れにはじまったコロナウイルスによる世界的な危機が到来しています。ウイルスから身を守るだけでなく、医療現場や暮らしを支える現場でがんばる人に感謝し、応援し、さらにはその現場が崩壊しないように行動することが求められています。ワクチンや特効薬が開発されるまで安心することはできませんが、いまは、この状況から学べることを学び、危機を乗りこえたさきにたどり着く未来の世界のあり方を考える時間だと思うこともできるでしょう。みなさんも、ぜひこの本に記された50の革命に学び、未来を変える力を身につけてください。

2020年4月15日

一般社団法人Think the Earth理事／多摩美術大学客員教授

上田壮一

著者

ピエルドメニコ・バッカラリオ

児童文学作家。1974年、イタリア、ピエモンテ州生まれ。高校時代より短篇の創作をはじめる。15日間で書きあげた『La Strada del Guerriero（戦士の道）』で1998年にデビュー。謎解き冒険ファンタジーの『ユリシーズ・ムーア』シリーズ（学研プラス）は、世界数十か国で翻訳されている。『コミック密売人』（岩波書店）で2012年度バンカレッリーノ賞受賞。『13歳までにやっておくべき50の冒険』（太郎次郎社エディタス）ほか本書のシリーズすべてを手がける。

フェデリーコ・タッディア

ラジオパーソナリティ、テレビ司会者、ジャーナリスト、作家。1972年、イタリア、ボローニャ生まれ。科学からスポーツまで幅広い分野で、子どもやティーンエイジャー向けのコンテンツを制作しつづけている。子ども向け無料テレビチャンネル「Rai Gulp」で放送中の『スポーツストーリー』をはじめ、さまざまなテレビ・ラジオ番組の構成・出演をこなす。著書に『Girogirotonda（ドリンの信号機）』『Iacopopo il genio della cacca（うんちの天才）』など。

イラストレーター

アントンジョナータ・フェッラーリ

1960年、イタリア、ロンバルディア州生まれ。長年、アニメ映画制作にたずさわったのち、児童書のイラストを担当するようになる。2007年、もっともすぐれたイラストレーターとしてイタリア・アンデルセン賞を受賞するほか、有名コンクールで受賞多数。現在、イタリア児童文学の分野では、もっともよく知られたイラストレーターのひとり。日本語訳の絵本に『こころやさしいワニ』（岩崎書店）がある。バッカラリオとともに、本書のシリーズすべてにかかわる。

日本版監修者 上田壮一（うえだ・そういち）

一般社団法人Think the Earth理事・プロデューサー、多摩美術大学客員教授。1965年、兵庫県生まれ。広告会社を経て、2001年にThink the Earth設立。以来、コミュニケーションを通じて環境や社会課題について考え、行動するきっかけづくりを続けている。おもな仕事に地球時計wn-1、プラネタリウム映像「いきものがたり」、書籍『百年の愚行』『1秒の世界』『未来を変える目標 SDGsアイデアブック』ほか多数。

訳者 有北雅彦（ありきた・まさひこ）

作家・演出家・翻訳家・俳優。1978年、和歌山県生まれ。進路指導講師として、中学校・高校でのキャリア教育に演劇的手法で携わる。また、映画や文学などのイタリア文化を紹介する会社「京都ドーナッツクラブ」に設立時から所属。著書に『あなたは何で食べてますか？』（太郎次郎社エディタス）、訳書に本書のシリーズほか、シルヴァーノ・アゴスティ『見えないものたちの踊り』（シーライトパブリッシング）など。

世界を変えるための50の小さな革命

2020年6月30日 初版発行
2021年4月10日 2刷発行

著者	ピエルドメニコ・バッカラリオ
	フェデリーコ・タッディア
イラスト	アントンジョナータ・フェッラーリ
日本版監修者	上田壮一
訳者	有北雅彦
デザイン	新藤岳史
選書協力	高宮光江・鳴川浩子
編集担当	漆谷伸人

発行所 株式会社太郎次郎社エディタス
東京都文京区本郷3-4-3-8F 〒113-0033
電話 03-3815-0605 FAX 03-3815-0698
http://www.tarojiro.co.jp/

印刷・製本 大日本印刷
定価 表紙に表示してあります
ISBN978-4-8118-0841-3 C8075

Original title: Il Manuale delle 50 piccole rivoluzioni per cambiare il mondo
by Pierdomenico Baccalario and Federico Taddia, Illustrations by AntonGionata Ferrari.
First published in 2018 by Editrice Il Castoro, viale Andrea Doria 7, 20124 Milano (Italia)
www.editriceilcastoro.it
Graphic layout: Dario Migneco / PEPE nymi - Art director: Stefano Rossetti
Original edition published by agreement with Books on a Tree Ltd.

シリーズの紹介

各 四六変型判・本体1600円+税

192ページ

13歳までにやっておくべき
50の冒険

ピエルドメニコ・バッカラリオ、
トンマーゾ・ペルチヴァーレ 著
アントンジョナータ・フェッラーリ 絵
佐藤初雄（国際自然大学校）日本版監修　有北雅彦 訳

宝探し、木のぼり、野生動物撮影、廃墟探検、おもちゃの分解、魔法薬の調合……。イタリアの人気児童文学作家がしかける遊び心満載のミッションをクリアして、冒険者への第一歩をふみ出そう！　自然のなかで冒険できる日本版「野外学校リスト」つき。

192ページ

モテる大人になるための
50の秘密指令

ピエルドメニコ・バッカラリオ、
エドゥアルド・ハウレギ 著
アントンジョナータ・フェッラーリ 絵　有北雅彦 訳

冒険好きのきみに、伝説のスパイから指令が届いた。親を観察、炊事に洗濯、家系図作成、デートの誘い、そして忍者……。どんなミッションも、華麗に、かつスマートに。口うるさい親たちにバレないように挑戦して、モテる大人の秘密を入手せよ！

208ページ

あこがれのアスリートになるための
50の挑戦

ピエルドメニコ・バッカラリオ、
マッシモ・プロスペリ 著
アントンジョナータ・フェッラーリ 絵　有北雅彦 訳

この本は、あこがれのアスリートになるためのトレーニングブックだ。階段マラソン、綱渡り、二人三脚、チェス、深い呼吸、敗北体験……。毎日20分、50の挑戦を楽しみながら、スポーツでもそれ以外でも光を放つ、真のヒーローへの道を駆けあがれ！

ISBN978-4-8118-0841
C8075 ¥1600E

定価：本体 **1600円**+税
発行：太郎次郎社
　　　エディタス

問え
調べろ
議論しろ
使いまわせ
なかよくなれ
耳を澄ませ
助けろ
笑え
変革せよ
：

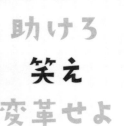

文句を言ってるひまはない。行動するのはキミだ。
同志とともに、世界を変えるための革命を起こせ！

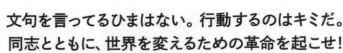